あふれてたのは やさしさだった

野人家 201

都是溫柔的孩子

あふれでたのは　やさしさだった

奈良少年監獄「詩與繪本」教室

作　　者　　寮美千子
譯　　者　　黃瀞瑤

野人文化股份有限公司		讀書共和國出版集團	
社長	張瑩瑩	社長	郭重興
總編輯	蔡麗真	發行人兼出版總監	曾大福
責任編輯	鄭淑慧	業務平臺總經理	李雪麗
專業校對	魏秋綢	業務平臺副總經理	李復民
行銷企劃	林麗紅	實體通路協理	林詩富
封面設計	倪旻鋒	網路暨海外通路協理	張鑫峰
美術設計	洪素貞	特販通路協理	陳綺瑩
		印務	黃禮賢、李孟儒

出　　版　　野人文化股份有限公司
發　　行　　遠足文化事業股份有限公司
地址：231新北市新店區民權路108-2號9樓
電話：（02）2218-1417　傳真：（02）8667-1065
電子信箱：service@bookrep.com.tw
網址：www.bookrep.com.tw
郵撥帳號：19504465遠足文化事業股份有限公司
客服專線：0800-221-029
法律顧問　　華洋法律事務所　蘇文生律師
印　　製　　成陽印刷股份有限公司
初　　版　　2020年3月

國家圖書館出版品預行編目資料

都是溫柔的孩子：奈良少年監獄「詩與繪本」教室 / 寮美千子著；黃瀞瑤譯. -- 初版. -- 新北市：野人文化出版：遠足文化發行，2020.03
　面；　公分
ISBN 978-986-384-416-7（平裝）

1. 矯正教育 2. 青少年犯罪

548.7114　　109001327

野人文化官方網頁　　野人文化讀者回函

都是溫柔的孩子

線上讀者回函專用 QR CODE，你的寶貴意見，將是我們進步的最大動力。

推薦序

孩子，值得我們多給一點機會

林立青

本書記錄了童書繪本作家寮美千子在奈良少年監獄擔任「社會性涵養計畫」講師長達十年的經驗，她描述了自己在監獄教授少年犯閱讀及創造詩作時，那群孩子在課堂上學習到自我表達和欣賞他人詩作，逐漸打開心扉的經過。在我看來，這本書在台灣社會出版，有幾個值得觀察並且作為閱讀討論的重點。

首先，本書寫出了日本監所方在應對少年監獄時，給予的資源較台灣更為豐富，也更為彈性多元。作者所開設的「社會性涵養計畫」針對的正是社會弱勢者、邊緣者，許多孩子並沒有機會接受正規教育，又或者是難以抵抗他人的誘惑，不知道該怎麼拒絕而導致陷入犯罪。作者進入少年監獄中，最大的收穫便是讓監獄內的孩子們紛紛開始學習如何表達自己的情感。在書中，我們可以看到這種「藝術治療」有助於孩子的情緒穩定，同時在和他人分享詩作時感受到自己被接受，更因為欣賞他人作品而互相給予肯定。對於一個團體而言，這有很正面的效果，也因為這樣的做法能讓他們敞開心胸，監獄方連續十年請她不間斷地上課，甚至有孩子出獄重返社會以後，都還會以詩會友，建立良善的關係。

第二個可看之處是，書中詳實地記錄了作者從接觸少年犯到指導他們的過程。她本來只是參加奈良少年監獄的「矯正展」，在看到孩子們的作品後，感嘆道：「這幅畫的作者心思如此細膩，之前在社會上，一定吃了不少苦頭吧？」她向教育專門官建議可以讓受刑人朗誦他們自己創作的詩作，這個動作讓監獄決定邀請她前來開設教授受刑人繪本和詩歌的課程。本書的起頭以及後來所有的故事都從此而起。無論從任何角度看來，她的課程都與一般人們對監獄的想像有很大的差異，甚至有負責輔導受刑人的僧侶特地前來討教「如何在半年內讓孩子們起了極大的變化」。關於她的課程為何能發揮如此大的成效，我認為成功的要素有以下數點：開放且具包容的討論課程，具開創性、實驗性並鼓勵表現自我的環境，以及監獄方的支持（她的課程需要監獄教官在旁協助上課）。同時，將課程定位為「遊戲」，能讓這些孩子們體會到成長過程中缺少的快樂和喜悅，豐富他們的心田。

第三，書中收錄了受刑人創作的詩，他們透過這些詩作為自己發言：有希望監獄內可以天天洗澡，舍房可以有冷暖氣的誠實心聲；也有關於自己成長過程的爬梳整理，對於被害人的悔悟；更多的則是對於親情和家人的渴望。可以看到這些孩子對於社會的觀察和自己的期待，這些文字在作者充滿愛的筆觸下被烘托放大，再加上作者的觀察與互動，成為這本書最動人的部分：卸下心防以後，原來這些都是溫柔的孩子。

作者寮美千子的「詩與繪本」教室讓我著迷的地方有幾個：第一是她的課程總是有實際的動作，諸如朗誦、演戲和創作的互動，這些「遊戲」能讓人逐漸打開心房，這經驗不只可以運用在少年監獄，更可以用在教育單位之中。此外，從這本書中，我們可以看到直接的互動和給予鼓勵，對任何青少年來說都極為重要，正面的肯定可以得到很好的回饋。還有，而藉由分享彼此創作的詩作，讓他們互相欣賞、接納，原先緊張冷漠的人際關係產生了良好的化學變化。

這些在我看來，正是台灣可以學習並且引進的地方，透過文字和藝術這些適合在監獄裡面出現的活動，重新學習如何表達情緒和互相接受的能力，對於任何地方都有很重要的效果。這本書應該推薦給所有的教育工作者及創作者，感謝作者用她的人生經驗告訴我們，將教育和藝術結合，其效果是值得期待的。每一個孩子，都值得我們多給他們一點機會。

都是温柔的孩子

前言

入監服刑的人，都是粗暴凶惡的人吧？

想必一定是腦袋裡不知道在想什麼、令人害怕的人。

曾經，這是我對受刑人的粗淺印象。

但是，我在奈良少年監獄認識的那群孩子，完全不是這樣。

他們有的人在超乎我們想像的貧困環境中成長、有的人自幼受到父母的嚴重虐待、有的人則是在學校遭受霸凌……。他們全是一群長期受到忽略、得不到社會福利與支援的孩子，在成為加害人之前，他們曾經都是被害人。

為了保護自己，他們只好披上自己打造的鎧甲。

或是露出讓人困惑的壞笑，或是擺出桀驁不馴的態度，

或是躲進自己的硬殼裡，或是說著難笑的笑話，或是過度地卑躬屈膝……。

每個人的鎧甲都長得不一樣，唯一的共同點是：保護力都不堪一擊。

不僅無法守護自己，甚至將他們逼上更加窘困的絕路，全都是可憐又可悲的贗品。

這也是沒辦法的事。因為他們的周遭沒有可以幫助自己的大人，

這是年幼的他們絞盡腦汁想出來的自保手段。

這些孩子緊緊地關上心裡的那扇門，甚至連自己內在的感情都視而不見。
然而，一旦卸下那身鎧甲，打開心扉的瞬間，
流淌而出的卻是滿滿的溫柔。
即使是犯下重罪的人，內心深處一定還是有顆正在沉睡的、溫柔的心。
其實，每個人都希望被愛，也希望自己能夠好好愛人。
人類就是這麼美好的生物。
遇到這群孩子之後，我對這點更加深信不疑。
打開他們心扉的鑰匙就是：能夠表達內心想法的「詩」，以及願意接納彼此的「同伴」。
詩與同伴療癒了他們曾經傷痕累累的心。
本書記錄了我自二〇〇七年起，長達十年參與奈良少年監獄的「社會性涵養計畫」，教授受刑人們「詩作教室」的軌跡。
也許有人會認為書中的故事只是特例，實際狀況並非如此。
但參與計畫的一百八十六個孩子，全都有了截然不同的改變。
衷心期望各位能透過我的這份紀錄，了解他們真正的模樣。

都是溫柔的孩子

目錄

第3章

詩讓少年們卸下了心防

第4章

成長路上嘗盡人生苦難的孩子們

遭到虐待的孩子
無家可歸的孩子
因為追求「愛」而誤入歧途
絕對不否定他們的想法
想贖罪的心

每個人都有改變的可能
人在人群中才能成長
沒有人是天生的壞人
為了這些孩子的將來

本書收錄的詩作出自——
《因為天空是藍色的，所以我選了白色　奈良少年監獄詩集》
《我相信這個世界會更美好　奈良少年監獄詩集》

第1章

來自紅磚建築物的呼喚

坡道上的紅磚建築

兩輛紅色越野公路車，一前一後沿著京街道往北奔馳。這是自古以來連接奈良與京都的舊街道，東大寺的轉害門，就位於這條街道的右方。東大寺是距今千年前興建的古蹟，大家卻視為理所當然，這樣的態度很「奈良」。經過釀造醬油的店家前方，風中漂來一股淡淡的豆麴香氣。通過古色古香的街道，渡過佐保川上的小石橋，坡道變得陡峭。位於上坡頂端的紅磚建築，正是我們此行的目的地。

狹窄的坡道兩側蓋了兩排民宅，屋頂黑瓦上都放了一尊鍾馗像。對面山坡上方一望無際的青空下，可以看見一道紅磚牆。啊啊，我們就是因為想看那棟建築，才特地騎著自行車過來的。

沿著高聳的紅磚牆稍微騎了一段路，看見一扇門。我不禁懷疑起自己的雙眼，古都奈良竟出現了歐洲的街角景色。不，圓頂是伊斯蘭風，屋頂下緣的裝飾卻是義大利風，正面的拱門則是英國風。遠方土地的各種文化在此融為一體，簡直就像無國籍童話國度的入口。不可思議的是，大門雖氣派，卻絲毫感受不到壓迫感。

大門與內部建築物，皆竣工於明治四十一年（一九〇八年），建築物即將屆滿百年。是明治五大監獄[1]之中，唯一保留下來的紅磚建築。明治時代的人，為何會在這種地方，打造一座如此氣派的建築物呢？明明是「監獄」，卻建成如此美麗的建築物，令我匪夷所思。

這就是二〇〇六年夏天，我第一次見到「奈良少年監獄」的情景。熱愛近代建築的丈夫和我，聽說這裡有明治時代的知名紅磚建築，一從首都圈搬到奈良，便立刻造訪此處。它的美遠遠超越我們的想像。我們朝雕鑄了阿拉伯式花紋的大門偷偷往內一看，只見寬廣的西洋式前庭另一邊，聳立著一座如城堡般的紅磚建築。就像張了結界一樣，大門另一邊是一個氣氛緊繃的奇異空間。我感受到那裡的時間和空間，和大門這邊的世界截然不同。我渴望進入其中一窺究竟，但當然不可能。

沒想到，那個心願卻出乎意外地很快就實現了。我們聽聞兩個月後的九月九日和十日兩天，奈良少年監獄將舉辦「矯正展」，開放一般民眾入內參觀。聽說會有攤販販賣受刑人製作的產品，還有帶領民眾參觀的行程。我們滿心期待著那一天的到來。

當時，我們還不知道「矯正展」上有什麼在等待著我們。而那次的邂逅，竟會將我倆的人生導向意料之外的方向，將我們拉進結界另一端的奇異空間。這個足以改變我們人生觀和世界觀的美好體驗，給我們帶來了巨大的改變。

都是溫柔的孩子

從隔年二〇〇七年至二〇一六年為止整整十年，我和丈夫松永洋介在奈良少年監獄擔任詩作課講師，教導受刑人寫詩。松永是設計師，而我是創作童話及小說的

1 由日本知名建築師山下啟次郎設計，分別為奈良監獄、千葉監獄、金澤監獄、長崎監獄、鹿兒島監獄。

作家，我們都沒有教師執照，在教育上完全是外行人。起初雖然因為意想不到的機緣接下講師一職，但我們的課程卻收穫了超乎預料的成果，在監獄中也廣獲好評。

一旦其中一名學生打開了緊閉的心門，其他人也會像連鎖反應般逐一卸下心防。大家開始如洪水潰堤般，娓娓道出深藏在心底的痛苦經驗和悲傷往事，教室裡流淌著滿滿的溫柔，充滿了安慰同伴的話語，以及感同身受的共鳴。

對我而言，從他們口中說出來的每一句話，都如珍珠般散發著柔和的人性光輝。沒想到犯下殺人等重罪的他們竟能說出如此美麗溫柔的話語，讓我忍不住感動落淚，然後才驚覺：他們都是溫柔的孩子！我心裡覺得非常不可思議，為何這樣的孩子會犯下滔天大罪呢？

沐浴在朋友溫柔話語下的那群少年，在我眼前發生了明顯的改變。我不知道看過多少次他們彷彿蟲蛹羽化成蝶般的蛻變。我看過原本面無表情的少年露出微笑、嚴重的抽動障礙戛然停止、口吃消失、胡作非為的孩子自行改正態度、極度內向的孩子舉手發言。就像魔法一樣，我見證了奇蹟的發生。一開始，我以為這些改變只是偶然。我告訴自己：「這只是因為天時地利人和，碰巧進展得很順利罷了。不，是因為班上的成員本質都是好孩子。」我甚至覺得這樣的奇蹟不可能再度發生。

但是，經過一次又一次的實驗，即使換了成員，同樣的成果仍舊重複發生，就像理化實驗室裡的化學反應那般。

透過詩來表達自我，而某個人接納了詩中的那個你。光是這樣，就能讓一個人產生如此巨大的改變。我不禁驚訝，原來言語擁有如此強大的力量。在那之前，雖說我自己也是會寫詩的作家，卻從來不曾如此相信言語的力量。

他們之所以會來到這裡，或許就是因為之前在家庭、學校、社會，都沒有人像這樣接納他們。正因如此，當遇見值得信賴的法務人員和同伴，在短短半年之內就能出現這般戲劇性的改變也說不定。

這十年來，總計有一百八十六名受刑人接受了「社會性涵養計畫」課程。課程每個月只有三次，詩作教室不過是其中的一次，且課程僅六個月就結束。然而，每一個孩子身上都發生了變化。變化雖然有大有小，但所有人都朝著好的方向改變了。我可以看得出他們「活得更輕鬆」了。因為從種種束縛和擔憂中獲得解放，變回最坦率的自己，讓他們呼吸變得更輕鬆，也能和其他人交談了。而我在感受到自己對他們的幫助後，也對自己更加肯定。

我相信這世上沒有「天生的犯罪者」。人類本來就是溫柔而美好的生物。只不過在成長過程中受了許多傷，傷口無法癒合，導致傷痕累累、心理產生扭曲，結果將他們逼上了犯罪之路。我開始相信，即使是那樣的孩子，也能夠在詩作教室中獲得安慰、發生改變。

透過詩作課，我明白了另外一件事：這些孩子在成為加害人之前，都曾經是被害人。沒有一個孩子是因為天生個性犯下了罪行，他們每個人都經歷了痛苦的童年。我親耳聽過許多悲慘的成長過程，也曾心想「如果我也跟他們一樣遭遇了那些事，我恐怕也會關上心門，憎恨這個世界」。

這也顛覆了我原先對「監獄」或「犯罪者」的刻板印象，體認到「他們跟我們沒有什麼不一樣，大家都是人類」的事實。

我很想告訴世人這樣的事實，因此編纂並出版了《因為天空是藍色的，所以我選了白色　奈良少年監獄詩集》和《我相信這個世界會更美好　奈良少年監獄詩集》兩本詩集。書中不僅刊載了受刑人的詩，也對我們上課的情形添上簡短感想，是一本比較接近記實文學的書。

這兩本書引起廣大的迴響。不僅報章雜誌報導介紹，還數次登上亞馬遜網路書店「詩集」分類的第一名寶座。受刑人的詩作，超越中原中也和谷川俊太郎等知名詩人的詩集，躍上排行榜第一名。我認為這是一件非常美好的事。我衷心期盼寫出這些詩的他們能夠引以為傲，並以此作為精神食糧，堅強地活下去。我很想將我的心願告訴他們，遺憾的是我沒有管道聯絡上已經出獄的他們。

我因為這兩本書的關係，開始到各地演講有關受刑人的事。為了將受到世人嚴重誤解的少年犯罪者最真實的面貌告訴所有人，只要在我能力所及的範圍，我全接了下來。結果有人對我說：「希望妳將演講時所說的內容集結成書。」他們表示「想更進一步了解上課情況和少年們成長的過程」。雖然讀者一直求我寫續集，我都婉拒了，不過因為某件事，讓我改變了想法。

在神奈川縣發生了兩起大事件。一件是二〇一六年發生在相模原市身心障礙者收容中心「津久井山百合園」的傷人事件。認為「身心障礙者是社會重擔」的年輕人，殺害了十九名收容中心成員的悲慘事件。他自始至終都深信「自己實現了政府期盼的事」，也相信法院絕對不會做出死刑判決。

另一件是二〇一七年發生於座間市，連續九人慘遭殺害棄屍的案件。嫌犯先在推特上找出留言「想死」的人，藉著回應「我們一起死吧」邀出受害者，再殺害他們。因為座間市就在我們搬去奈良之前居住的城鎮隔壁，讓我深切感受到犯罪就在你我身邊，受到強烈的衝擊。

這兩起犯罪事件都殘忍得令人難以置信，都是這輩子也償還不了的滔天重罪。但是，對於在監獄裡長年接觸受刑人的我而言，我不認為嫌犯單純只是「無法理解的怪物」和「天生的異常人物」。一定是因為什麼樣的理由和背景，才讓他們做出了那樣的事情吧！

對於嫌犯，人們異口同聲提出「處以極刑」的要求，讓我覺得很不舒服。但回過頭想想，我發現自己以前也曾對犯罪者懷抱著刻板印象，認為他們是「可怕的人」。起初獄方邀我擔任監獄講師這份工作時，老實說我非常害怕，也猶豫了很久。但是，實際與受刑人接觸後，我開始堅信「人類是一種美好的生物」以及「每個人都可以改變」。我認為必須將這樣的經驗告訴更多的人，所以才決定寫書。

另外，二〇一七年三月，奈良少年監獄關閉，一百零九年的歷史畫下句點，也是我下定決心執筆的原因之一。我們夫妻和奈良少年監獄結下的緣分，源自當初受到這棟明治時期知名紅磚建築吸引，因而造訪的機會。當初我們兩人開始擔任講師的時候，就強烈地希望政府能夠保存這棟建築物。我們認為「為了呼籲大家一起保存建築物，首先必須讓世人知道建築物之美才行」，於是邀請攝影師上條道夫先生遠從東京前來攝影，並於二〇一〇年二月舉辦了攝影展……諸如此類，我和丈夫兩人參與了許多活動。然而二〇一四年四月仍然聽到「建築物好像要被拆除了」的傳聞。驚慌失措的我們，和當地的自治會成員同心協力，力邀當年建築物設計師的孫子，也就是爵士鋼琴家山下洋輔先生為代表，成立了「寶貴的奈良少年監獄之會」。活動不到兩年就成功了，政府於二〇一六年七月決定保存監獄。但是同時也宣布，將在隔年三月底正式廢除少年監獄。

這是出乎所有人意料的發展。我們已經做好可能需要長期抗戰的準備，卻在短得驚人的期間獲得結果，我們由衷感到開心，只是沒想到這麼快就廢除了少年監獄。奈良少年監獄的建築物被指定為國家重要文化財產，更名為「舊奈良監獄」。建築物將委託民間管理，之後作為「行刑資料館」和飯店使用。但是，戰後七十多年來培育出更生教育傳統的「奈良少年監獄」將就此消滅。即使留下了建築物，但其中舉辦多年的教育將不復存在，從此消失無蹤。

我心想，必須為這裡留下紀錄不可。即使我參與的只是一小部分，但只要知道我參與的過程，就能得知「奈良少年監獄」是什麼樣的地方，以及待在裡面的受刑人都是什麼樣的少年。在出版兩本詩集之後付梓本書，就好比在屋頂上再增建一層房子那般，總有畫蛇添足之嫌，令我再三猶豫不決，但上述原因促成了我最後決定寫這本書。

希望這本書能夠幫助離開「奈良少年監獄」踏上全新旅程的年輕人，減少世人對這些孩子的歧視。對於在撫養孩子成長的路上產生迷惘的人，以及正在經歷著痛苦的人，我想這本書一定能夠帶來一些幫助！

因為，這個計畫（社會性涵養計畫）不僅改變了受刑人，還改變了監獄法務人員跟我們幾個講師，它擁有足以改變指導者的力量。

為了參觀近代經典建築，我來到了監獄

接下來，我想先從我和奈良少年監獄結下不解之緣，以及成為講師的契機開始談起。

二〇〇六年七月，我從神奈川縣相模原市搬到了奈良縣奈良市居住。前一年，我藉著長篇小說《樂園之鳥　加爾各答幻想曲》獲頒泉鏡花文學獎。接獲得獎通知

後，我立刻決定離開東京。我從小的夢想就是搬到地方都市[2]居住。我認為畢竟拿下了大獎，今後就算不住在東京，也能繼續糊口工作，這也是自由業的好處。

我選擇搬家的地點是奈良。自從高中畢業旅行造訪此處之後，我就深受奈良吸引。法隆寺崩塌的土牆、東大寺二月堂裏參道上早已磨損的石階和築地牆。我當年是一個對這些事物特別有感覺、興趣老成的高中生。

話雖如此，當年並沒有什麼事情足以讓我經常往來奈良，直到後來因為幾次的邂逅，才將我引導至奈良。我為了追尋傳統工藝，認識了一位塗製漆器的師傅樽井禧酔先生，他是個魅力十足的人；而奈良還有正倉院展[3]、東大寺的取水節[4]，以及許多學習佛教或《古事記》[5]的地方，這些都深深吸引了我。於是我們決定搬離

2意指東京、大阪、名古屋以外的都市。

3「正倉院」原是奈良東大寺的倉庫。「正倉院展」所展示的文物，多半是日本聖武天皇（七〇一～七五六）駕崩以後，由遺孀光明皇后供養給東大寺的天皇遺物，以及當時進行法會所使用的物品。正倉院所收藏的文物，除自然的損壞之外，許多都保存至今。

4又叫修二會。從西元七五二年至今，已有一千多年歷史。每年三月十二日深夜於東大寺二月堂從淨水汲取供奉觀音的水，並點燃環繞二月堂的巨大火把消災除厄，祈求平安健康。

神奈川的大廈，搬到無親無故的奈良。那是我五十歲那年夏天發生的事。

我們的新住處是位於奈良市舊市街「奈良町」最南邊的大廈。雖說是最南邊，但由於那是個小市鎮，走路到位於北邊的東大寺也只要三十分鐘左右。從東大寺繼續往坡道上走約十分鐘，就是奈良少年監獄了，但我當時並不知道它的存在。

剛搬家時，我每天的心情都像是個旅人。不，即使時光荏苒，我已在奈良生活第十二年了，心情依舊如故。總之，所見所聞都有趣得不得了。畢竟，居住在奈良就等於住在世界遺產之中。只要稍微走幾步，就有元興寺、興福寺、東大寺、新藥師寺，與大佛和阿修羅像比鄰而居。春日大社和禁制森林[6]也在徒步可到的範圍。沒錯，奈良市中心竟然有一片原始森林。人們長久以來都將其視為神聖的神明森林，因而保留至今。奈良的街景也非常迷人。洋溢江戶風情的格子窗建築櫛比鱗次。其中也有時尚的雜貨小店和咖啡店，與傳統老店共存。我和丈夫買了同樣款式的紅色公路越野車，兩人到處走走看看。

就在這個時期，我們得知了奈良少年監獄這棟明治時期的知名紅磚建築，決定前往參觀。我們從位於奈良市舊市街南端的家，行經縣政府和東大寺，直到位於北端的奈良少年監獄，騎自行車只要二十多分鐘。

一年一度對外開放的「矯正展」

二〇〇六年九月九日，我們期待已久的矯正展終於舉辦了。終日深鎖的阿拉伯式花紋大門敞開，少年監獄裡滿是人潮，熱鬧非凡，簡直就像慶典一樣吵鬧。前院整齊搭建起一排帳篷，販售各種監獄製造的產品。實用的家具、鞋子、皮包，還有床單等布製品，所有產品都非常牢固扎實。

我聽說還有監獄導覽團，便報了名，可惜當天名額已滿，所以決定隔天早上再提早過來報名。

首先，我參觀了小攤和跳蚤市場。走進位於監獄後方的體育館，裡頭展示了受刑人的作品，繪畫、陶藝作品、詩詞、短歌及俳句等等，全是在監獄社團活動中創

5《古事記》是日本第一部文字典籍，也是現存最早的日本文學與歷史著作，於西元七一二年由稗田阿禮口述，太安萬侶編撰而成，全書分為三卷，主要目的在於傳達帝王與國家的傳承，讓後世之人能夠理解日本的緣起。

6春日大社後方的春日山原始林，從西元八四一年禁止砍伐及狩獵以來，就一直保留原始面貌。另外，奈良南方的大峰山也同樣稱為禁制森林，因宗教之故，山頂至今仍禁止女性入山。

作的作品。沒想到這次踏進展示會，竟大大地改變了我的命運。

一張水彩畫吸引了我的目光。那是一幅描繪監獄內部建築物的作品，忠實地呈現出每一塊紅磚的模樣。這座建築物的紅磚，據說是舊奈良監獄的受刑人自己親手製作而成的。因此，每一塊磚瓦都別有一種韻味，層層堆疊出獨特的美感。這是現代工業大量生產的紅磚怎麼也模仿不來的美感。那張水彩畫甚至畫出了每一塊紅磚些微的顏色差異。即使監獄裡的時間再多，未免也太一絲不苟了吧！我不禁擔心：這幅畫的作者心思如此細膩，之前在社會上，一定吃了不少苦頭。

而詩詞和俳句的展示，也深深打動了我。

轉身回望　遠處煙火　回顧過往
夏日慶典　懷念往日　心情激昂

多麼端正、抒情的詩句啊！令我湧起一股懷念往昔夏日時光的鄉愁。一想到這是坐在監獄高牆內、窗上圍著鐵柵欄的房間裡所寫出來的詩句，就更令我倍感揪心。

奈良少年監獄位於市中心外圍的山丘上，一眼就能看到若草山和東大寺大佛殿。有幾扇窗應該可以看見若草山施放的煙火，所有受刑人應該也都能聽見煙火的聲音。我想，寫這首詩句的人當時應該一邊感受著轟然作響的煙火震撼腹部深處的感覺，一邊隔著鐵窗看著外頭絢麗的火花吧？不知道他懷著什麼樣的心情看著那些煙火呢？詩句裡在在顯示出他的無奈與惆悵。

我驀然心想，關在這裡的少年們，都是什麼樣的人呢？可以確定的是，他們並非一般印象中那種粗野又粗暴的人。當我和丈夫討論這件事時，一名身穿藏青色制服的教官對我們說：

「兩位說得沒錯。大部分的人，都以為待在這裡的少年是一群無法管束的暴徒，或是不知道在想些什麼的怪物，事實並非如此。他們大部分都是乖巧、內向的孩子。端正有禮的孩子也很多。根本沒有那種一看就覺得無法無天的孩子。」

我非常吃驚。那麼，究竟是什麼樣的孩子，犯下什麼樣的罪過，才會進來這裡呢？「受刑人今天都在做什麼？」我試問。

「大家都在自己的房間裡。」

原來如此……。當地的演歌歌手正在體育館舞臺上唱著歌。那群孩子一定能從鐵窗聽見遠處傳來的歌聲和宛如慶典般的吵雜聲響吧？被世人遺忘、監禁在牢房裡的少年們，現在是什麼樣的心情呢？我更加感受到「轉身回望，遠處煙火，回顧過往／夏日慶典，懷念往日，心情激昂」這兩首詩句中的遺憾。

我忍不住提出這樣的請求：

「我是一個作家，兩個月前剛搬來奈良。我在東京時舉辦過不少詩歌朗讀比賽和民眾自由參加的詩歌朗讀會。那是讓有志一同的民眾在大家面前朗讀自創詩詞的聚會。詩詞不單只是書寫創作，大聲朗讀出來，具有更大的意義。我想請寫下這些詩句的人朗讀，這麼做一定對他們有好處。如果有什麼我可以幫得上忙的地方，請儘管說！」

我將剛印刷好的新名片遞給他。對方也給了我一張名片，上頭寫著「教育專門官　松崎英之」。我做夢也想不到，當時遞出去的一張名片居然成為改變我人生的重大轉機。

回程的路上，我心想：「矯正展」真是個討厭的名稱。聽起來像是硬要將彎彎曲曲的心扳成直的一樣。在這裡的，是一群內心比你想像更加細膩敏感的孩子。那樣的孩子為什麼會犯下罪過呢？在他們身上到底發生了什麼事？比起「矯正展」這個名稱，「更生展」不是更好嗎？不，改成「共生展」應該會更好吧！如果我們的社會可以讓心思敏感的人也能安心地生活，不知道該有多好……。

翌日，我一早便趕往矯正展，申請參觀監獄內部。在監獄官的帶領之下，走進平常無法踏足的封閉空間。雖然只能從建築物外側觀看，但還是給了我極為強烈的印象。「監獄」這個字給人帶來的想像，是一個昏暗且可怕的地方，但實際上卻大相逕庭。磚造的建築物整齊排列，就像修道院一樣令人神清氣爽。所見之處全清掃得整潔乾淨，連一根雜草也沒有。想必受刑人一定很用心地在除草吧！池塘裡有鯉魚悠游其中。花壇上開滿了花朵，大片陽光灑落其上。

我們參觀了幾座用來當作技能訓練所的實習工廠。木工所裡散發著杉木削切過的清香。金屬加工實習工廠裡則有機械油的氣味。空無一人的實習工廠中，彷彿可以看見少年們的身影。監獄官向我們解說：

「民眾經常以為我們是少年院[7]，但這裡是少年監獄。主要收容十七歲到

7臺灣為少年輔育院，隸屬法務部矯正署管轄，於二〇一九年改制為矯正學校誠正中學。

二十五歲的受刑人。成年人的比例占壓倒性多數，未成年只有一成多一點。只要是犯了重罪的少年，就會收容於此處。這裡的青年受刑人，全都是第一次入監服刑的人。我們的收容人數共六百八十名。職員約兩百人，其中從事教育相關職務的人員有十三名。工作人員採輪班制，二十四小時全天候看守受刑人。」

這時我才發現少年院和少年監獄本質上根本不同。

「在監獄中，為了讓受刑人之後可以回歸社會，會進行各種職業訓練。在訓練所內可以取得木工、金屬加工、泥水匠、清潔工、印刷，以及理容師的證照，還能學習照護、IT技術。我們前面院子有一間『若草理容室』，由通過考試並取得證照的受刑人為客人理髮。一般民眾也能利用這項服務。附近很多小朋友也常來這裡剪頭髮。」

一般民眾來到監獄裡的理容室讓受刑人剪頭髮，令我非常驚奇。因為受刑人手上拿著剪刀和剃刀啊！

「訓練技官總是將『安全第一』掛在嘴邊，講到嘴巴都要瘦了。受刑人一旦出社會，就會站在被人歧視的立場。萬一在車床作業時，不小心切掉一根手指，將受到更嚴重的歧視。因此，我們都希望受訓者可以在四肢健全的狀態下回歸社會。所以，總是不斷提醒他們『比起產品的品質，你們的身體更重要』。」

聽著聽著，我不禁感動起來。監獄跟我原先想像的截然不同。這裡其實是一所舉足輕重的職業訓練學校。

「老實說，我有部分是故意讓各位只看見好的地方。當然，實際上也有很多辛苦的事情。但是，那些不全然是他們的錯。他們的成長環境惡劣是事實。由於身邊沒有可以成為模範的大人，他們只能跟年齡相仿的孩子混在一起，導致善惡的基準也跟著動搖了。幾乎所有孩子都是這樣。我們的職員每天來這裡工作，就是希望他們能在此導正生活、好好學習、學會一技之長並回歸社會，然後再也不要回來這裡。」

這時我心想：這世上竟有如此為他人的人生著想的人。他們的心意溫柔坦率得令人驚訝。在社會上其他地方，幾乎遇不到這樣的人。

我們的社會總是透過學歷和能力在篩選別人。但是，每個人應該都有不同的長處，適合不一樣的事情。讀書並不是一切。問題是，卻沒有提供十幾歲年輕人進行職業訓練的地方，我不禁感到社會的殘酷無情。說不定有的人是因為進來監獄，才得到了幫助，不是嗎？

我第一次知道原來有許多志工參與了這項活動。而職業訓練，也有許多民眾提供幫助。我突發奇想，如果有機會的話，我也想開設詩歌朗讀講座，不過那也僅止於想像而已。

我曾經購買過市原監獄製造的味噌當紀念品，風味絕佳。據說是花了很多功夫，以傳統方式天然釀造而成的。去了矯正展之後，我突然覺得監獄和我們的距離變得更加親近了。

由我來幫受刑人上課？

「矯正展」結束後過了十個月，二〇〇七年七月，我突然接到奈良少年監獄打來的電話。對方表示「我們想開設教導受刑人童話或詩歌的課程，希望您來當講師」。據說是根據我在矯正展當天遞出的那張名片，打電話給我的。

突如其來的委託，令我大驚失色。我的確說過「如果有什麼我可以幫得上忙的地方，請儘管說」。也曾想過在監獄內舉行詩歌朗讀應該不錯。但我從未認真地思考過這件事，老實說，我當時只是想給點建議罷了。

「請問，擔任講師，是不是會直接跟受刑人見面，幫他們上課呢？」

「當然囉！」

「……呃，請問，他們都是犯了什麼罪？」

「這裡跟少年院不同，受刑人都是因為重罪進來服刑的。比如說……竊盜、強盜、殺人、性犯罪、縱火、毒品等犯例。」

我愕然無語。對方似乎要我與殺人犯及強姦犯直接面對面上課。老實說，我很害怕。對方好像立刻察覺了我的心思，又補上了一句：

「總之，能否請您來一趟監獄，聽聽我們的計畫再決定呢？」

這就表示，我可以走進那棟只能站在外頭欣賞的美麗紅磚建築裡面嗎……如此心想的瞬間，我立刻改變主意。

「好，好的。我可以進去監獄裡跟各位詳談，對吧？」

「是的，沒錯。」

「外子也可以一起去嗎？」

「當然可以。歡迎歡迎。」

我也真是現實。就這樣，我們夫妻決定再度一同造訪監獄。

翌日，我們上氣不接下氣地騎著自行車爬上奈良坂舊街道的坡道，好不容易抵達那道討人喜歡的大門前。我們將自行車停在圓頂屋頂門塔旁邊的小停車場，告訴守衛來訪的目的。守衛早已接獲通知，回答我們：「我已經聽說了。請進。」就讓我們通過了。正面就是美麗的紅磚主建築。啊啊，一想到可以進入那座建築，我的心情激昂不已。但是，另一方面，我既擔心也好奇，不知道獄方會提出什麼要求？畢竟這裡是我們至今從來不知道的世界。

有人來迎接我們，帶我們入內。和大門相似的阿拉伯式花紋門扉、高聳的天花板、人工石打造的扶手，這座建築物果然如我想像得那般美麗。對方帶我們來到一間小小的會客室。

裡頭有一位身穿藏青色制服、身材纖細的女性。是一位宛如寶塚劇團男角般相貌端正、背脊筆直的美人。但是，她的聲音卻柔和且溫婉。她是負責教育統籌的細水令子女士。「非常感謝兩位蒞臨。」她的態度謙和，笑容深具魅力。細水統籌語氣沉靜，但充滿熱誠地對我們說：

「其實，我們一直計畫要開新的教育項目。我們稱之為『社會性涵養計畫』。

我希望拜託寮老師您擔任課程的講師。

「我國監獄多年來，都遵循明治時代制定的監獄法[8]這條古老的法律營運。因此，有許多法條已經不適合現在的社會實情。監獄法在百年後終於獲得修正，改為『刑事收容設施及被收容人等處遇法』，並於今年六月實施。『尊重受刑人人權，同時因應該受刑人狀況給予適當的待遇』這件事變得越來越重要。」

「也就是，受刑人的人權將獲得更多尊重，是嗎？」

「您說得沒錯。尤其是以回歸社會為目標的矯正教育，更加受到重視。因此，我們也比較容易實行一些以前做不到的教育計畫了。現在，我正考慮要執行一項名為『社會性涵養計畫』的教育計畫。」

「社會性……涵養……？」

「涵養受刑人的社會性。就是人格涵養或水源涵養林的涵養。意即要像水一點一滴滲透那般，培育他們。」

8 一九〇八年（明治四十一年）制定實施近百年後，於二〇〇六年修改為後述的「刑事收容設施及被收容人等處遇法」。

細水統籌在紙上如行雲流水般寫下「涵養」兩字。

「為了讓這裡的孩子離開監獄、回歸社會後，能夠更適應社會生活，我希望可以增進他們與人溝通的能力。因此，我想豐富他們的內在。」

啊啊，這個人將受刑人稱為「孩子」啊……。

「長期以來，我們傾向只對更生機會高，或是有能力的孩子實施重點式教育。透過函授課程，可以取得高中畢業證書；也能在這裡學習、考試取得理容師等專業證照。」

「那太棒了！」

「立定目標取得高中畢業證書或考取證照，對他們都是一種鼓勵，而且離開監獄之後，對就職也有幫助。但是，這次我希望反其道而行，雖說會進監獄的人，每一個都有苦衷，我想針對其中有更多難言之隱的孩子進行授課。」

聽起來難度很高。

「所謂的難言之隱，是什麼？」

「主要是在溝通上有困難的孩子。舉例來說，因為擁有輕度智能障礙或精神疾病，導致他們連簡單的工作也做不好，跟其他人也處不來。這樣的孩子，在實習工廠也容易遭到孤立。再怎麼提醒，他們也無法改正。追根究柢來說，是因為他們無法溝通，所以也無法改正。最後的結果就是因為那些孩子的關係，導致整個實習工廠的氣氛變得非常差，連帶造成他們在背地裡遭受霸凌。除此之外，還有非常內向害羞的孩子、拒絕從事工作，成天把自己關在房間裡的孩子、無法控制情感，馬上發飆的孩子、個性憂鬱的孩子，甚至是不斷自殘的孩子……」

「也就是說，原本就被社會淘汰的人來到監獄，結果又因為跟其他人格格不入，進一步變成麻煩製造者，是嗎？」

「您這樣說，那些孩子就太可憐了，不過，的確就是如此。」

我不禁為他們的處境感到擔憂。犯罪者原本就被世人認定為「難搞的孩子」了，而我又必須跟其中「特別難搞的孩子」相處。我真的有辦法教他們嗎？

「我要上什麼課？」

「我們考慮在『社會性涵養計畫』中教授三種科目。其中一種是SST，也就是社會技能訓練（social skill training）。是讓學生透過角色扮演，提高溝通技巧的課程。」

「角色扮演就是設定一個場面，讓大家扮演不同的角色，對嗎？」

「對。那些孩子很不擅長溝通。因此，就算遇到了困難也未必會來求救，即使有人拜託他們不願意做的事，他們也拒絕不了。結果導致很多孩子因為求救無門，最後演變成犯罪。所以，我們會設定日常生活中的類似場面，讓他們實際體驗。這堂課能讓他們學會如何求救，或是果斷拒絕。一開始會從打招呼開始學起。光是能夠好好跟人寒暄問候，出社會之後就能獲得好印象。這麼一來，未來的人生就會跟著轉變。這堂課由監獄的教官負責。」

「原來如此。另一堂課呢？」

「是繪畫課。我們拜託了在特別支援學校高等部擔任美術教師的八田育美老師。至於另一堂課，則是想拜託寮老師您使用童話或詩歌進行授課。」

「啊，好的。不過，我該做什麼才好呢？」

「那群孩子很不擅長言語表達。這也讓他們的人生陷入困難。只要能稍微改善他們的處境即可。再說……」

「再說？」

「那些孩子在成為加害人之前，本身都曾是被害人。被虐待、遭到棄養、親眼目擊家暴就不用說了，他們經歷過許多筆墨難以形容、甚至讓人不忍心說出口的悲慘處境。

「有的孩子則是懷有邊緣性障礙，周圍的人無法理解他們，父母和學校也無法給予適當的對應。

「還有，貧困。這正是最大的問題。社會上存在著讓人無法翻身的貧困，完全超越老師您的想像。因為肚子太餓，一次次順手牽羊偷竊食品，然後反覆遭到逮捕。這些孩子之所以會走上犯罪之路，一開始都是為了保命，可以說是『緊急避難式犯罪』。」

「緊急避難式犯罪……」

「遊民之中也有兒童。那些孩子不能上學、只能靠便利商店作廢的便當苟延殘喘。因為他們的父母親本身也處於極其悲慘的狀態，孩子們身邊沒有可以幫助他們的大人，多半都只能走上犯罪之路。誰也沒注意到他們的存在，成了社福機構的漏網之魚。

「總之，他們一路走得非常艱辛。目前為止，我還沒看過沒有悲慘的背景，卻幹了壞事進來這裡服刑的孩子。」

我啞口無言。他們的生活太慘烈了。

因為家父在稅務署上班，所以我們一直生活在只有三坪和二點二五坪的兩房連棟宿舍裡，直到我高中畢業為止。生活雖然簡樸，卻從未看過「窮人」。我還讀過千葉大學附屬小學和國中，周圍都是出自富裕人家的孩子。我也不曾碰過在日本生活的外國人、受歧視地區的居民[9]，以及接受生活保護[10]的人。不，他們或許就在我的周遭，只是我這五十年來一直過著對他們毫無知覺的人生罷了。在斷層化社會中，多年來在眾人的保護下安心自在地過著日子，一直都是我身為作家內心最大的歉疚。

「偶爾會有經濟上還不錯、父母親社會地位也很高的孩子進來這裡，只是相當罕見。所謂的『普通人家的小孩』一旦犯下大罪，父母親就會受到世人矚目，生活過得很痛苦。當一個孩子犯下必須入監服刑的重罪，我們可以料想到他背後一定發生許多從小累積起來的差錯，就像扣錯釦子一樣，一步錯、步步錯。錯誤不斷累積，成為了隔絕他本人和社會的一道無法彌補的鴻溝。」

這樣的事絕非事不關己。我自己也曾因為和父母之間的衝突，青春期一直處於精神狀況岌岌可危的狀態。身邊也有人罹患繭居、拒食症、自殘等等，過著痛苦的人生。雖然不至於演變成犯罪，但歸根究柢來說都是一樣的。差別只在於暴力是內顯或外顯罷了。

「我認為走上犯罪之路的人，共通點就是他們『從來不曾獲得過正確的愛情』。或許就是因為這樣，所以他們的心靈得不到成長。因為他們一直在否定真正的自我，所以無法培養自我肯定的感覺。導致他們發展不出自尊自愛的感情。無法重視自己的人，也無法重視別人。我想就是因為如此，他們才會犯下過錯。

「遭到父母親否定、拋棄，經歷過這些痛苦，也難怪他們會關上心門。由於內心的憤怒過於巨大，就連悲傷的感覺也麻痺了。連帶導致他們也感受不到開心快樂之類的正面情感。只可惜我們人類的心靈並不是那麼方便，無法只感受到開心或快樂的事情。

「他們甚至搞不清楚自己有什麼感覺。一個人孤單單地站在四周一片荒蕪的荒野中，這就是那群孩子內心的風景。」

9 又稱為部落民，是過去封建時期賤民階級的後代。至今在生活、求職等方面，仍會遭受到異樣的眼光看待或歧視行為。

10 日本最低生活保障制度。是日本政府直接發給金錢給窮人和弱勢團體的社會福利，金額依地區不同。另外，各地方行政區也設有一些生活保護設施。

我心中浮現一片荒野的景象，那片景色多麼令人悲傷啊！

連自己的心情都無法理解的人，根本不可能明白他人的心情。所以，這些孩子才會犯罪吧！所謂「不把人當人」，換言之，很可能就是也不把自己當成人來看待。這樣的事情，太令人心痛了。

「那群孩子在悲慘的環境中獨自存活了下來。有的孩子跟他說話時覺得很正常，其實跟這個社會完全格格不入。乍看之下，你會覺得『這孩子明明很懂事啊！』事實卻非如此。即使表面上看起來似乎可以溝通，但你總會發現到他們跟一般人決定性的差異。那是因為一次又一次的溝通不全，造成他們內心有一部分無法成長。

「我希望能透過童話、繪本或詩歌，來耕種他們的心田，打開他們的心門，培養他們的情緒感受力。」

我無言以對。那樣的事情，可能嗎？像童話、繪本或詩歌這樣纖細的事物，真的有辦法緩解那些作惡多端甚至殺害人命的人的內心嗎？我認為沒辦法。我雖然是以文墨為業的作家，卻不相信言語擁有那麼大的力量。

「啊，請問，我們大概多久上一次課？」

「『社會性涵養計畫』的話，預定一個月上三次課。先前跟您提過的ＳＳＴ、繪畫課和語言表達課，每堂課各一次。」

「咦？我的課一個月只上一次？」

才那麼點時間，我能做什麼？我在大學擔任文學創作講座兼任講師的時候，光是每週一堂課都已經覺得不夠了。

「那麼，會上多久呢？」

「我們考慮大概半年左右。」

我又說不出話來了。每個月上一次，才短短半年就結束！

「等課程結束後，就換下一批學生。」

不可能！絕對不可能。這堂課說不定只是想製造「依循改正法執行了新計畫」的假象罷了。

可是，細水統籌的眼神是那麼地認真。

「請問……您希望我上什麼內容呢？」

「我比較想請教寮老師您的想法。」

「這堂課沒有類似課程計畫或教材之類的東西嗎？」

「沒有。」

太蠢了吧！我再度感受到彷彿遭到沙袋毆打的衝擊。

「如果寮老師您有想用的繪本，請您儘管開口。我們會幫忙準備好的。總而言之，我們希望您可以使用『美麗的字彙』上課。」

「就算您這麼說……」

「這項計畫在監獄中也算是一項全新的嘗試。我們長久以來，一直努力為受刑人提供教育。職業訓練和高中的函授課程就不用說了，還有為了防止再犯的『暴力迴避計畫』、『性犯罪再犯防止計畫』、『藥物離脫計畫』等，至於犯下殺人罪行的孩子，我們也提供了站在被害人視角描述事件的『生命課程』，以及符合各種受刑人的教育，這些課程的效果非常好。

「這些教育都是為了防止再犯，而將焦點集中在他們的犯罪行為上。舉例來說，『暴力迴避計畫』實行的對象，不限於引起暴力傷害事件的人，還有在監獄裡對職員或同伴施加暴力的問題兒童。

「但是，這次『社會性涵養計畫』的對象，並非對外展現暴力性格的孩子。反倒是那些文靜乖巧、不起眼、總是被欺負的孩子。我稱他們為『沉默的處境困難者』。他們的內在難以理解，又找不到打開他們心防的線索。他們是一群內心懷抱著巨大憤怒，卻連說都無法說出口，最後被迫走上犯罪之路的孩子。我覺得反倒是這些孩子的問題更根深柢固，要從犯罪之中重新振作更加困難。

「我們希望透過創作文學或美術的教育計畫，耕作他們荒蕪的心田，讓情緒冒出新芽，花時間慢慢溫暖他們的內心。

「但問題是，我們該找什麼樣的講師呢？我一開始打算找語言專家。結果，松崎教官對我說：『去年的矯正展上，有一位童話作家表示可以協助我們。』將寮老師您的事情告訴了我。他說寮老師是認真的，還給了他名片。這時我便心想『就是她了！』

「我希望我們可以慢慢探索，尋找更好的方法。我和教官也會一起協助您，請您務必答應！」

「雖然我是那樣說過……但我大學中輟，並沒有畢業，也沒有教師執照。站上講臺的經歷，只有在和光大學擔任文藝實作講座兼任講師那四年而已。我也不會任何教學技巧，這樣也可以嗎？」

「沒問題。我真的很想拜託身為職業作家，創作多數童話和繪本的寮老師您接下這堂課。我期待您帶來不受以往教育束縛的自由想法。上課時，我和另外兩位監獄教官也會一起參與。要怎麼上課，寮老師您可以自行決定。我們會全力提供協助的。」

我茫然不知所措。他們竟然如此熱忱地委託一個什麼證照也沒有的平凡作家擔任講師，想必一定是找不到人才了吧？因為大家都對監獄敬而遠之，找不到人擔任嗎？

「具體來說，您希望我上什麼樣的課？」

「我想想。比如說，在半年的期間內將自己的生平寫成文章，然後在繪畫課時畫上插圖，如果可以每個人完成一本專屬於他們自己的繪本就好了……」

細水統籌突然像愛作夢的少女般滔滔不絕，令我啞然無語。

「請等一下。那是不可能的。才短短六次課程，就要讓學生把生平寫成文章，還像繪本一樣編輯成冊，然後在繪畫課上畫圖完成一本書，那是絕對辦不到的。不可以太小看繪本，繪本不是那麼簡單的東西。」

我寫這本書時，重新請教了細水統籌當時真正的想法是什麼。她表示：「我希望幫他們改寫他們的故事。即使是在充滿苦痛的悲傷記憶中，我相信一定也有美好的記憶，或是被人愛過的經驗。即使是小如碎片的記憶也沒關係，我想將焦點放在那片記憶，讓他們找回『被人愛過的經驗』，藉此找回『能將悲傷視為悲傷的感性』或『人性化的情感』。這麼一來，他們或許就不會『將一切轉化為憤怒，轉而走向犯罪之路』才對。」

她還說：「我希望讓他們反覆吟詠簡短美麗的字句，體會那些美麗的話語如海潮漲退般不斷向自己湧來的感覺。這麼一來，他們心中破碎零散的思緒，或許可以慢慢統合成一個完整的故事。我覺得這麼做可以讓他們的思考構造化，幫助他們看清楚自己的人生。所以，我認為『童話』和『詩』很重要。」

由於當時的我並無法理解細水統籌遠大的計畫，因此只能囫圇吞棗。這麼說來，我那時候可能早就已經被細水統籌控制在掌中了。

「比方說，讓他們選擇自己喜歡的文章朗讀，您覺得如何？不會唱歌或樂器，無法組成搖滾樂團，但如果是朗讀的話，應該誰都辦得到吧？我認為朗讀也能讓他們『展現自我』。」

「我也不確定那是否可行。我認為那群孩子現在甚至連選擇『自己喜歡的文章』的能力也沒有。畢竟他們根本不會拿書來看，如果要求他們讀出來，有的孩子還會跳過漢字，只唸平假名的部分。」

我的頭越來越痛了。

「這樣啊！既然如此，閱讀繪本呢？有些繪本裡面只寫平假名，也有大人也能充分樂在其中的作品。」

「太過孩子氣的內容，他們可能會覺得自己被當成笨蛋了也說不定。他們的自卑心很強烈。」

「這樣啊。不過，現在大家都說，繪本不是專屬於小孩子的東西。甚至還出了適合大人閱讀的繪本導讀手冊。上課之前，先跟他們說明清楚這一點，您覺得如何？」

「那樣的話，說不定可行。不過，那些孩子本來就不擅長理解抽象的想法，缺乏情感的感受力。我也不知道他們對繪本會有多大的反應。如果他們反應不佳，也請您不要沮喪喔！」

我們聊著聊著，逐漸看見了課程大致的樣貌。

「日本全國的監獄，至今都不曾有過這樣的計畫。對我們而言，也是第一次嘗試。由於我們也還在摸索的狀態，如果可以讓我們邊學習邊一起打造理想的教室，就再好不過了。」

我這才感受到自己真的要開始一項全新的嘗試，不由得緊張起來。

「對他們來說，監獄裡克己禁慾式的生活是必要的。但是，單單只給予懲罰，什麼也不會改變。我認為『以牙還牙，以眼還眼』不可能讓事情變好。那樣只會讓他們再次犯罪，回到監獄。

「幾乎所有的案例，都是在無法接受適當的支援、錯失教育機會、在分不清楚是非善惡的基準下成了犯罪者。民眾對支援犯罪者的行動也有所批判，但是好好地再度教育他們，讓他們回歸社會，整體上來說，才是最能減少社會成本的辦法。因此，民眾最近也慢慢從這樣的觀點來重新檢視受刑人教育了。這是一件很困難的事。但是，如果不這麼做，他們很有可能再犯，導致新的被害人又出現。」

細水統籌充滿了熱忱。她把監獄裡的少年都當成自己的兒子一樣，擔心著他們的未來。不想讓他們再度犯罪、希望能讓他們不要再犯，好好服完刑期、希望他們出獄時，已經變成可以跟人溝通的孩子、希望他們能成為勇於求助、拒絕討厭要求的孩子、希望他們幸福……因為那正是防止他們再度犯罪最好的方法。我可以感受到，她打從心底這麼想。

這麼說來，在矯正展上第一次談話的松崎教官也一樣。他和「矯正」這兩個字讓人聯想到的「我要改正他們的心性」那種靠力量壓制受刑人的感覺相去甚遠。我很驚訝他竟然如此看重那群少年。

我見過跟他們很類似的人。就是以前在印度訪問過的德蕾莎修女。她總是赤腳快步走在修道院中。身上穿著白底藍色布邊的質樸棉質修女服，看起來就像鄉下小鎮的嬌小老婆婆。但是，她卻是一位存在非常龐大的「母親」。她將世界上的人類，全部視為自己的孩子。即使是獅子般的壯漢，只要她將手放在對方頭上，為他吟詠祈禱詞，壯漢看起來也會像小貓一般溫馴。

細水統籌的確很像德蕾莎修女。她打從心裡期盼監獄裡的少年們能獲得幸福。為此，她拚了命地嘗試所有她做得到的事。我深切地感受到她這股幹勁。

她的真心打動了我，我終於被她的熱情給感化了。雖然沒有自信，卻想要努力試試看。只不過，有一件事令我非常在意。

「請問我可以讓外子松永在上課時擔任助手嗎？我從在大學擔任講師時，就一直請他當我的助手。」

雖說這是事實。但真正的理由並非如此。其實我是因為害怕面對殺人犯或強暴犯，想要有個保鑣跟在身邊。

「當然可以。兩位可以一起來，我們非常歡迎。只不過很抱歉的是，講師費並不多，只能出一人份，即使那樣也可以嗎？」

「咦？有講師費嗎！」

就這樣，我和外子松永洋介被任命為奈良少年監獄的外部講師。後來聽說，細水統籌對於我和松永「成對」前來一事喜出望外。因為既能向受刑人展示多樣的價值觀，而且她直覺認為，讓他們看見男女平等的模樣，也能給予他們良好的影響。她邊笑邊對我這麼說：

「我那時候覺得真是好事自己送上門來了，就像鴨子背著蔥自己找上門，還連高湯跟柴火一起扛了過來那樣。」

問題是，我們在那個時間點上，對於該做什麼，其實根本沒有任何頭緒。可是課程當月就要開始了。

回家之後，我們兩人拚命思考。

那時候，我們還不知道——從第一堂課開始就展現出驚人的成果。而奇蹟不斷延續，不知不覺間，連奇蹟都變得常態化了。

通往教室的那段長路

我在社群軟體上報告「我即將成為少年監獄的講師」時，得到的回應多得令人驚訝。

「您一定可以在那裡獲得感人的邂逅吧！期盼您和他們的心靈能彼此相通。」

「只要您展現最真實的一面，我想他們一定會接受您的。我在遠方為您祝福。」

「對您勇敢進入監獄這個黑箱，挑戰情操教育這個未知領域的勇氣鼓掌！」

「對他們來說，這一定是個難能可貴、撫慰心靈與淨化的過程。」

除了期待和鼓勵的話之外，也有不少人為我們擔心。

「風險明明很多，您為什麼要接受呢？」

「您可能會在裡面經歷痛苦的事情。我很擔心。」

「面對他們，只會讓寮老師您心痛，不是嗎？」

監獄對我的朋友們而言，也是「未知的世界」和「黑箱」。但是，我很快就感受到，正因如此，他們對監獄懷抱著強烈的興趣。

大家心中滿懷著期待與擔憂，而我也是。

二〇〇七年七月二十七日，第一次上課的日子終於到來。我們騎乘自行車到監獄。夏日的天空清澈蔚藍，太陽灼燒著我的背。我不禁後悔：早知道就別穿黑色衣服來了。我身穿窄領的黑色T恤搭配黑色長褲。因為擔心讓受刑人看到我一身讓人聯想到外面花花世界的鮮豔服裝，對他們而言太可憐，所以故意選擇了樸素的衣服。何況我聽說學生裡有性犯罪者，還是會害怕。

我們抵達監獄大門。一下自行車，汗水就噴了出來。

「是寮老師和松永老師，對吧？我聽教育負責人說了。請進！」

和善的守衛大叔讓我們進門，走進監獄的前庭。細水統籌站在如紅磚城堡般的主建築前，親自出來迎接我們。她身穿整齊筆挺的制服，模樣非常迷人。

我們鑽過阿拉伯花紋的大門，第一次爬上前往二樓的樓梯。樓梯非常狹窄，連擦身而過都辦不到。

她帶領我們進入位於樓梯上方的休息室。門高得必須仰起頭來才能看到門頂，天花板也很高。房間很小，靠窗處的地面稍高，鋪上一層榻榻米。

「值班人員都在這裡休息。」

裡頭還放了掛有教誨師及輔導志工名牌的文件夾，看來這裡是外部協助人員共用的休息室。

很快地，來了兩位教官。身材苗條，眼神銳利的竹下三隆教官是臨床心理師。身材中廣、有著一雙溫柔圓眼的則是乾井智彥教官。兩人兩極的外貌簡直就像相聲搭檔一樣。正所謂人不可貌相，其實竹下教官的個性相當悠哉，而乾井教官則是一板一眼的急性子。只不過，我一直到很久之後才發現這件事。

英姿颯爽的細水統籌，以及如相聲搭檔般外表個性截然不同的兩位教官，可謂個性十足。他們給我的印象，跟崇尚低調的日本社會相當不一樣。

「今天的參加者有八名。另外一名落選了。」乾井教官露出惋惜的表情。

「『落選』是什麼意思？」

「就是在房間閉門思過，不能出門上課的意思。那孩子坐不住，在實習工廠工作時也常四處張望。」

可能是發展障礙加上過動吧。這堂課其實本來是為了他們開設的，但因為是監獄裡的規則，我也無法多說什麼。

「我們先去接聽課的學生。科長會幫兩位老師帶路，請兩位先過去教室。」

我們就在這名職位是科長的監獄官帶領下走下樓梯。他的腰際綁了一條粗繩，連接一串鑰匙。監獄官用那串鑰匙打開通往內部的門。經過有職員待命室的短短走廊，又出現一道門。門上有個小窗，監獄官打開那扇窗，確認對面沒有人之後，又打開了門鎖。前面是受刑人所在的區域。

我踏進一步，不禁倒抽一口氣。太美了！直接打通的天花板上有天窗，淡淡的光芒射進屋內，簡直就像教堂的聖堂。那裡是中央監視所。位於如五根手指般向外延伸的兩層樓放射狀舍房中心，正中央有張桌子。站在那裡，五翼放射狀的走廊看得一清二楚、直視無礙。而那張桌子則是擁有優雅曲線的新藝術（Art nouveau）風格，這一點也令我吃驚。原來這裡不是只重視實用而已。

高掛在每棟舍房走廊入口上方的「第一舍」、「第二舍」、「第三舍」、「第四舍」、「第五舍」牌子，邊緣都有立體繪畫裝飾。連那種小地方都意識到「美」。

我們往正中央寫著「第三舍」的走廊直直前進。走廊中央是打通的，可以看見二樓天花板。天花板上也有天窗，陽光射入屋內，靜靜地照亮黑得發亮的石頭地板。

兩側是一扇又一扇的小門，全是厚實的木頭門板。門上裝設一面金屬板，上頭鑽了許多小洞代替窗戶，可以從小洞窺見房間內部。整齊摺好的棉被、小矮桌，有的房間還放了家人照片當裝飾。

空房的門敞開著，房間最裡面的牆壁旁設置了白色的沖水馬桶和洗臉臺。上方高處有一扇嵌了鐵柵欄的小窗，可以看見蔚藍的天空。靠近門的地方鋪了兩張榻榻米。一想到受刑人不知道要在這樣的地方生活多少年，我就覺得揪心。同時，我想起以前曾經見過的修道院。沒有任何多餘物品，極簡而禁慾的生活，這裡或許就是那樣的地方。

在監獄官的陪同下，受刑人從走廊另一端走了過來。他們如軍隊行軍般擺動雙手，步調整齊劃一。他們平常都被規定要這麼走路嗎？我正想著等一下擦肩而過時要跟他們打招呼，結果率領他們的監獄官此時發出了號令。受刑人停下腳步，同時轉身面壁。我看不見他們的臉孔，他們也看不見我。監獄官互相敬禮通過。原來這是為了不讓受刑人的長相暴露給外人知道，所採取的措施。這裡果然是不同的世界，不是一般的社會。

舍房走廊盡頭又有一扇門，監獄官打開了鎖。穿過那道門就是屋外，清爽的木頭清香撲鼻而來。去年，我們參觀監獄時看到的木工實習工廠就在眼前。從窗戶可以看見正在工作的少年極其認真的側臉，我內心充滿了感動。這個場所變成後來我長達十年，每個月前往監獄上課時最喜歡的地方。因為只要聞到剛削下來的新鮮木頭香氣，就令我有種他們未來將會充滿希望的感覺。

穿過迴廊，我們立刻被帶到一旁的另一棟建築物去。那棟建築雖然不是磚造的，但看起來像是一棟古色古香的校舍。據說是將之前位於高畑町的陸軍三十八連隊的建築，直接搬到這裡來的。監獄官幫我們打開門，這已經是我們進來後的第四道鎖。走進裡面，有木造校舍令人懷念的氣味。這棟「教育棟」裡面全是教室。

我們一走進去，立刻看見右側教室裡的人。身穿綠色制服、理著小平頭的受刑人雙手放在膝蓋上，一動也不動地面對著講臺。講臺上有一位身穿僧服的僧侶。監獄官為我們說明：「他在對新進的受刑人演講。兩位老師的教室在二樓。」

這棟建築的窗戶很大。我們爬上灑滿陽光的樓梯。不同於主建築，這裡的樓梯相當寬闊。而且每一階樓梯都很高，儼然就是軍隊的建築。

我們好不容易抵達目的地，也就是位於二樓的教室。透過玻璃窗，裡面一覽無遺。教室鋪了灰色地毯。我們脫掉鞋走了進去，裡頭非常涼爽，冷氣開得很涼。我後來才知道在監獄中，他們能夠享受到冷氣的地方就只有這裡。桌子排成圓形，受刑人已經就座了。除了他們之外，細水統籌、竹下教官和乾井教官也坐在裡面。我們的位子就在他們旁邊。八名學生搭配五名指導者，可以說是相當嚴密的體制。

我簡單向眾人問候後就座，環顧每個人的臉，突然不知該如何是好。坐在乾井教官旁邊的是一個高個子的美少年。他的表情看起來怯生生的，好像隨時都快嚇得抱住乾井教官一樣。不過，也有靠在椅背上、翹著腳，傲慢地睥睨著教室的孩子。他拚了命地展現出「本大爺就是了不起」的氣勢，想表示自己很強。有個孩子不斷晃動身體，口中唸唸有詞，就是無法鎮定下來。反之，也有像座土堆一樣不動如山、面無表情，只有眼神茫然地在空中游移的孩子。有個孩子明顯智能發育較遲緩，一臉稚氣未脫的模樣；有個孩子一直低著頭，表情非常陰沉……。他們到底能聽懂多少我說的話呢？他們真的能認真地讀一本繪本嗎？我不禁擔憂起來。但我告訴自己：先試看看吧！總之希望讓大家這堂課都能上得開心！

第2章

從繪本開始的心靈熱身操

第一堂課

我和松永負責的課程是「社會性涵養計畫」中的文章教室，我暫時替它命名為「詩作教室」。我們在課堂上主要是閱讀繪本，以及請學生創作詩歌。除了這堂課之外，每個月另外各有一次ＳＳＴ（社會技能訓練）與繪畫教室。據獄方表示，第一次ＳＳＴ課程已經上過了。對學生而言，這是他們和教官第二次見面，而我和松永則是初次見面。

在課堂主導權交到我們手上之前，我們先進行了簡單的心靈熱身操。黑板上有幾張畫了簡單眼鼻輪廓的圖卡，表情各異其趣，下方寫著「快樂」、「傷心」、「害羞」、「擔憂」、「疲累」、「無聊」、「緊張」、「幹勁十足」、「興奮期

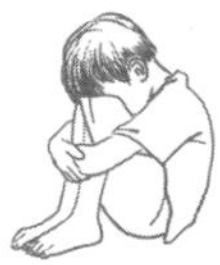

待」、「心跳加速」、「太好了」及「放鬆」等表示心情的字彙。這是考量到聽講學生不擅長表達自己的內心，若使用這些卡片，應該就能比較容易表達出來。

乾井教官對學生們說：「首先，請大家說出你們自己的名字和實習工廠，並用『表情卡』說出現在的心情。然後，今天要請大家告訴我你的『優點』！」接著他又說：「不過，突然提出這樣的要求，大家可能覺得很困難，所以先由老師示範給大家看。那麼，竹下老師，麻煩你了。」突然點名竹下教官。

「咦，從我開始嗎？嚇我一跳耶！」

竹下教官誇張地表現出驚訝的模樣。

「我今天的心情是『幹勁十足』。我的優點，直截了當地說，就是臉！」

聽講的學生們立刻發出笑聲。

「我有張大餅臉，對吧？我以前不太喜歡自己這張臉。不過隨著年紀增長，我開始覺得這張臉也不錯。因為大家可以從我的臉看出我的個性。」

竹下教官的語氣實在太溫柔了！光聽他的聲音，連我緊張的心情都紓緩了不少。接著是乾井教官。

「我今天的心情是『興奮期待』。我很期待，不知道寮老師和松永老師第一次上課，會是什麼樣的內容？大家看就知道了，身材高䠷又男人味十足的我，最大的優點就是……」說到這裡，又傳來一陣笑聲。身材微胖、眼睛又圓又大的乾井教官，看起來儼然就像電影《平成狸貓合戰》裡的貍貓胖吉。「可以坦率地表達出自己的情感。我很愛哭。不管懊悔、傷心或高興，我都可以大哭一場。我很喜歡這樣的自己。」

原來他是個喜怒哀樂都寫在臉上的人啊！接著是細水統籌。

「我現在的心情有點『緊張』。我的優點是，不管做什麼都會拚命去做。不過因為我太拚了，常常回過神來才發現身旁的人都被我弄得很累。」

我懂！我就是被她那拚命三郎的幹勁所打動，才會做出平常不會做的事，出現在這裡。

大家都坦率地展現出真實的自己。沒有人表現出「我來教你」這種高人一等的態度。我可以深切地感受到，教官們非常享受和這群聽講生在這個空間中，一起度過這段時間。我這才明白，我不需要教導他們什麼，只要跟他們一起享受這段時光即可，這也讓我覺得輕鬆了些。

心情放鬆許多的學生，也逐一發表他們的感受。其中有孩子說：「我覺得很累，因為記不住盂蘭盆舞的舞步。」監獄不久就要舉辦盂蘭盆節舞蹈大賽，但他卻因為記不住舞步而感到痛苦。直到現在我仍無法忘懷課程結束後細水統籌的低語：「對這些孩子而言，連原本應該令他們滿懷期待的盂蘭盆舞，都變成一項苦差事。真可憐。」

一個害羞內向的美少年在乾井教官多次鼓勵、摸著他的背為他打氣之後，終於以微弱如蚊子般的聲音回答：「我很緊張。我的優點是個性溫和。」簡直就像躲在媽媽裙襬下、怕生的五歲小孩。

除了這孩子之外，幾乎有半數學生都以「溫和」形容自己，對此我感到相當驚訝。也有孩子以「認真」、「努力」描述自己。我原本想像自己會見到一群荒唐放蕩的少年，但是眼前的學生之中沒有那樣的人。大家都內向害羞而坦率，看起來甚至顯得稚氣未脫。

不知道他們究竟是因為什麼原因遭到社會淘汰，淪落至此？甚至有個孩子因為缺乏自信，說自己「頭腦不好」、「經常給大家添麻煩」。這個社會的結構，或許根本無法接納那樣的人。不如乾脆給他們冠上「身心障礙人士」之名，還能獲得社會伸手援助。然而，因為他們處於正常與非正常的灰色地帶上，恐怕也無法進入特別支援學校就讀。他的自我介紹讓我感受到，他以前在學習的過程中或許也曾慘遭淘汰、歧視，甚至霸凌。

最後是我和松永的自我介紹。我不太記得自己說了什麼。聽見要介紹「自己的優點」，我只感到困惑。我本身也對自己缺乏自信，是個低自我肯定感的人。或許正是因為如此，我才選擇成為獨自一人寫作的作家。我也懷疑這樣的自己，是否能給他們帶來幫助？但我知道，我只能鼓起勇氣，好好努力。

繪本《小狼跑過來了》

第一堂課的教材，我選了一本名叫《小狼跑過來了》的繪本。那是我以愛奴族[11]繞口令為題材，二次創作的內容。整本書由愛奴族父親與年幼兒子的對話構成。之

11日本北方、俄羅斯東南方的原住民族群，主要聚居在庫頁島和北海道、千島羣島及堪察加。

前我在身心障礙設施舉行講座時曾使用這本書，廣獲學員好評。

我發給學生每人一本繪本，告訴他們繪本並非專屬於兒童的讀物。

「繪本不是專為兒童創作的書本，而是兒童也能看得懂的書。不管年齡和身分，大家都可以樂在其中。長大之後閱讀繪本，跟小時候讀的感覺相比，會有不同的樂趣，也可能會有全新的發現。有時，書中也會有深刻的大道理。因此，現在大人閱讀繪本，甚至變成一股潮流。

「老實說，創作繪本比寫小說困難多了。請大家不要覺得『繪本太幼稚』。我希望大家可以記住閱讀繪本時的快樂，等回歸社會以後也能好好享受閱讀的樂趣。期待將來大家能成為唸繪本給小孩聽的爸爸。」

學員們露出驚訝的神情，一臉「她在說什麼？」的表情。

課程的流程如下：首先，由我朗讀選定的繪本。讀完之後，讓大家仔細欣賞各頁的插圖。有個孩子解讀出畫家隱藏在畫中的訊息，令我大吃一驚。然後，全體一起出聲朗讀。朗讀完畢後，分成兩組，一組扮演父親、一組扮演小孩，以對話的形式朗讀。接下來才是重頭戲。

「那麼，我要請大家分別扮演爸爸跟小孩來朗讀嘍。好，請把桌子搬開！」

大家都對我突如其來的要求感到吃驚，不過還是把桌子搬到旁邊去。我們圍成一圈，坐在空間變得寬廣的地毯上。首先，我招募自願朗讀的人。

「好，有沒有人想扮演爸爸？」

大家扭扭捏捏的，沒有人舉手。教官說：「有沒有人要示範一下啊？反正全部都要唸，先唸完的比較有利喔！」「咦，大家都要唸嗎？」學生們騷動起來。一個人舉手說：「那我唸！」教官鼓勵另一個視線剛好對上他的孩子說：「你要不要也試看看？」那孩子心不甘情不願地站起來回答：「那我也唸一下好了。」

乾井教官從一個大紙袋中翻找取出幾樣道具：用來替代愛奴族民族衣裳「attus」的短褂、替代愛奴族頭帶「matanpus」的頭巾，甚至還用羊毛氈做了爸爸的假鬍子。也就是愛奴族風格的角色扮演服飾。

「咦！要穿這些衣服嗎？」

學生們雖然發出哀號，表情看起來卻非常開心。戴上假鬍子後，整個人的氣氛都不一樣了。看到同伴這副模樣，學生們發出嘻嘻竊笑。我對準備得如此周到的教官由衷感到佩服。我下定決心，下次要帶自己刺繡的「matanpus」頭巾和小道具。

裝扮完畢的兩個學生站在大家面前。我先唸出第一行：「一隻小野狼奔跑過來，在冰上滑倒了。」接著，兩人開始朗讀。

兒子 爸爸，我為什麼會跌倒？

父親 那是因為冰塊很厲害！比野狼厲害多了！

兒子 可是，冰塊會融化啊！為什麼？

父親 那是因為太陽很厲害！比冰塊厲害多了！

兒子 可是，太陽會被雲朵遮住啊！為什麼？

父親 那是因為雲朵很厲害！比太陽厲害多了！

就像這樣，孩子不停向父親發問，也就是所謂的「打破砂鍋問到底」。面對孩子的提問，父親一點也不感到厭煩，耐心十足地回答。文章構造類似《老鼠嫁女兒》[12]，但結論截然不同。《老鼠嫁女兒》的結論是「果然還是嫁給老鼠最好」，而愛奴族的故事中，對象由冰塊轉變為太陽、雲朵、風、山、樹木，最後變成如此——

兒子 可是，樹木會遭到人類砍伐。為什麼？

父親 那是因為人類很厲害！不過只比山上的樹木厲害一點點。

兒子 可是，人類會死掉啊？

父親 對啊，死了之後變成大地。

兒子 為什麼？

父親 那是因為大地很厲害！

大地比野狼、冰塊、太陽、雲朵、山、樹木、人類厲害多了！

你仔細瞧瞧。

因為大地很厲害，所以大地上誕生了許多生命。

草結實，樹結果，

餵養鳥兒、野獸和人類。

---

12 大意是一對富裕的老鼠夫婦想為寶貝女兒找到最厲害的夫婿，接連找了太陽、雲、風、牆壁後，才發現最厲害的是老鼠。

所以，我們大家都是從大地生長出來的。
雖然看不到根，
但其實大家都是誕生於大地的手足同胞。

兒子 野狼也是嗎？
父親 沒錯。
兒子 我也是嗎？
父親 當然。
所以，在冰上要小心喔！
注意不要滑倒了。

故事到此結束。是一個可以完美展現愛奴族自然觀的美麗結局。故事還有小驚喜。翻到下一頁，在版權頁部分有個父親跌倒、兒子伸出手扶牠的小插圖。是畫家特別為我設計的小巧思。

學生們表現得非常好。扮演父親的學生，表演出滑一跤的模樣，而扮演兒子的學生，則拉著他的手扶起他來，他們的表演讓其他人哄堂大笑。熱烈的掌聲響起，所有人發自心底用力鼓掌。

就在這個瞬間，轉變出現了。沒想到我能親眼看到這一幕。演出的兩個孩子聽著大家的掌聲，表情由訝異轉為困惑，接著慢慢變成笑容。

「朗讀完之後，你們覺得心情如何？」我問他們。

「我覺得很害羞，不過努力嘗試過，實在太好了！」

「我一開始很擔心自己能不能做好，不過幸好全部朗讀完了，我覺得，要是我也有一個不管問什麼都會回答我的爸爸就好了。」

兩人都露出愉快的表情。

周遭的人平常總是對這些孩子說「你不行、你不行！」想必他們一定不曾在才藝發表會上當過主角。但現在，他們兩個突然成了主角，還得到盛大且發自內心的掌聲。即使是內容如此簡短的繪本，也能給他們帶來讀完一本書的喜悅，以及成功達成一件事情的自信。我清楚知道，在這瞬間他們心中萌生了微小但確切的「自我肯定」。

我很驚訝。原來只要一點小小的事情，就可以給人帶來這麼大的改變，而且改變之大，一眼就看得出來。換言之，是否也代表著，這群孩子活到現在，連這麼一點小小的讚美也不曾得到過？

據說，扮演小孩的少年後來曾悄悄對乾井教官說：

「老師。我好希望老師你扮演爸爸。」

或許是想撒嬌吧？不管自己問什麼都不會顧左右而言他、認真回應的父親。或許就是他夢寐以求的父親形象。

「話劇」的魔法

第一堂課的內容，就只是讓成員輪流重複朗讀繪本而已。但是，一點也不無聊。每一組都呈現出不同的父子樣貌。態度粗魯、面無表情也無妨，朗讀時沒有抑揚頓挫、語氣平板也好。正因為能夠自然展現出「那個人」真實的樣貌，所以朗讀才會這麼有趣。雖說當事人本身可能沒有意識到，這樣毫不掩飾的態度也是一種自然的自我表現。

我們還能看出朗讀的兩人之間逐漸產生的「革命情感」，以及觀眾和舞臺上表演者之間的交流。即使只是簡單的朗讀，仍是一場稱職的「戲劇表演」。常聽到有人因為迷上表演，所以邊打工邊參加劇團演出，這下我終於親身體會到，原來表演竟有這麼大的魅力。

「下一個換誰？」

隨著進行的次數越多，學生們舉手變得越積極。剛才還無法跟他人交流的兩個孩子，主動舉起手來。一個身材高大、滿臉鬍碴、不修邊幅的男孩，和一個聲音尖細而瘦弱嬌小的孩子。

「你們誰要演小孩？」

舉手的是那個壯碩的孩子。

「咦？你要演小孩……」我話還沒說完，教官向我使眼色說：「就讓他演吧！」「好。那麼你演小孩，〇〇同學就演爸爸，好嗎？」「好。我也想演爸爸。」個子矮小的他挺起了胸膛。

開始朗讀後，那個壯碩的孩子發出令人忍不住心想「沒想到這孩子竟能發出這種聲音」的可愛童聲演出角色。閉上眼睛仔細傾聽，書中那隻好奇的小狼彷彿就站在眼前。回應他的爸爸也毫不遜色，瘦弱的男孩壓低聲音，演出威嚴的父親。

課程結束後，我們幾名指導者開了檢討會。會上教官告訴我們：那個滿臉鬍碴、身材壯碩的孩子，從未擁有過像樣的童年就長大成人了。在他成長的環境裡，沒有可以讓他撒嬌的大人。

「所以，他才會想當一次小孩子吧？結束之後，他露出非常滿足的表情，看起來很開心。」

而那名瘦弱嬌小的少年，據說長年遭受他人的霸凌長大。

「他則正好相反，一定很想演出深具威嚴的父親吧！」

孩子們做的只是拿起別人寫的繪本，發出聲音朗讀而已。即使如此，也能成為一種「自我展現」，我透過第一堂課深切體會到這一點。因此，每一組呈現出來的效果都大相逕庭，每一組都是獨一無二的，無論看幾次都不厭倦。

每次大約一小時的檢討會，對我來說實在獲益良多。單憑一個人無法仔細觀察到所有學生。當這個孩子說話時，坐在他對面的孩子是用什麼表情聆聽？跟教官們交換這些資訊，使得教室的整體狀況變得更加清晰而立體。我也越來越清楚下堂課應該選擇什麼樣的課題。我深深體會到，高牆之外恐怕很難找到如此細心關懷學生的教室。

絕不勉強孩子們做不想做的事

在我們教室裡幾乎不曾發生過可以稱之為「失敗」的事情，只有一次真正的大失敗。朗讀繪本時，有孩子表示「我不想朗讀」。我忍不住一直遊說他：「為什麼？」、「試看看嘛，你會發現很好玩喔？」、「試看看嘛！」最後還是讓他站到了大家面前。他板著臉朗讀了繪本，結束後，他繃著臉回到座位。

這個孩子在下一堂課開始說出「我討厭上課，我不要去教室」這些話。理由是「被人逼著做事令他無法忍受」。

教官們痛斥了我一頓。

「請不要強迫他們，這些孩子很敏感的。」

自此，我給自己定了兩條上課要遵守的規定。一是「不強迫他們」，二是「即使有不敢發言的孩子也不主動出手，應該耐心等候」。

當輪到某個學生，而他卻不敢發言時，我總會忍不住說出「什麼內容都沒關係。把你想到的事說出來看看。」或「沒問題嗎?還是等一下再換你說？」之類的話安撫。教官告訴我，其實我自以為親切的言行，很有可能造成反效果。我們的結論是「耐心等候就是了！」

某次，來了一名選擇性緘默症的學生。那堂課的內容是朗讀繪本，輪到他的時候，他說：「不行。我辦不到。」聽見他的話，乾井教官露出滿面笑容這麼回答：「這樣啊，你辦不到，是嗎？謝謝你清楚告訴我！不朗讀也可以。不過等你想朗讀的時候，可以隨時跟我們說喔！」

另一個學生聽見這句話，一臉氣呼呼地說：

「咦？老師，哪有那樣的！早知道我剛剛就不朗讀了！」

乾井教官笑著對發出抗議的孩子點頭，然後看著表示自己「辦不到」的男孩這麼說：

「你看，多虧你拿出勇氣說你『辦不到』，教室裡才產生了『不做也可以』的選項。我想，大家都很感謝你喔！」

大家露出笑容，教室內的氣氛和樂融融。

課程結束後，選擇性緘默症的少年來到乾井教官面前，對他這麼說：

「老師，我今天第一次遇見了值得信賴的大人。以前只要我說『我辦不到』，大人只會罵我『你在說什麼！大家都做了，你也快點做！』或鼓勵我『不用怕，你一定辦得到的，你試試看』，我覺得非常痛苦。」

聽見他這番話，我宛如晴天霹靂。沒錯，有時候鼓勵反而會令對方更痛苦。大家常說「不該鼓勵罹患憂鬱症的病人」，道理是一樣的。接納和陪伴才最重要。我只能說乾井教官的對應，實在是恰到好處又充滿慈愛。

有的孩子則是內心尚未準備好。他們心裡大概非常害怕。所以，像蝸牛一樣將自己關在殼裡。當他們戰戰兢兢地伸出觸角觀察外面時，如果被人一把抓住觸角硬往外扯，一定會驚慌地收回觸角、縮起身體。之後就需要很長的一段時間，才能等到他們再次從殼裡探出頭來。

此外，也有「我想嘗試卻沒有勇氣」的孩子。即使他們有「我也想站在大家面前朗讀」或「我也想得到掌聲」的想法，卻缺乏勇氣而駐足不前。「我真的辦得到嗎？」、「好丟臉！」、「萬一失敗，怎麼辦？」諸如此類的負面想像，使得他們裹足不前。那樣的孩子，只要仔細一看就能發現。因為他們全身都散發出內心正在掙扎的氣息。這時候給他一點勇氣，輕輕推他一把就很重要。

「接下來換誰呢？已經沒有人了嗎？〇〇同學，你要不要試試看？」

點到他的名字，他會用力搖頭說：「我沒辦法。不行不行！」這時萬一判斷錯誤，可就糟了。他是真的不想做？還是想做卻在猶豫？只要仔細觀察，就能看出他真正的心意。如果覺得可行，就該再推一把。

「拜託啦！老師拜託你！」

如此一來，他就會露出喜形於色的表情，嘴上一邊說著「是、是喔？既然老師都這麼說了，我也無法拒絕」之類的藉口，一邊快步走向大家面前。

這樣的孩子一旦越過阻礙，就會變得非常自由不羈。

「下一個換誰？」

「我！」

「咦？你不是剛剛才唸過嗎？」

聽見這句話，他露出不服的表情這麼說：

「可是我還沒演過爸爸的角色啊！」

態度變得比翻書還快，令人發噱。

「好啊！那麼，你試看看吧！這次你演爸爸喔！」

就這樣，在第一堂課短短一個半小時的課程中，大家的表情都變得截然不同了。原以為無法和人交流的孩子也變得積極，甚至表情豐富地演起了戲。話劇充滿了無限的可能！

第一次上課就發生這種事，當下我們以為只是「偶然的奇蹟」。因為我們認為事情不可能回回都那麼順利。

但是，這樣的「奇蹟」一再發生。直到十年後我在監獄最後一學期的課，每次必定都會出現這樣令人開心的變化。那已經不再是「奇蹟」了。人心本該千差萬別，卻宛如化學反應般，每次都產生了同樣的效果。最後，我們終於可以肯定地說，這堂課的確深具效果。

在監獄討論「宇宙論」

很快又到了第二堂課。因為獄方說做什麼都可以，所以我決定嘗試探討宇宙論。或許有人會覺得，在監獄探討宇宙論未免太突兀，但這是我思考良久之後的選擇。因為我認為人只要仰望星空，內心便能得到慰藉，覺得眼前的煩惱小得可憐。進一步得知宇宙的構造，以及地球上的萬物不過是「星球的碎片」後，在這個狹隘世界中遭到歧視、虐待、否定的他們，說不定就能擁有寬廣的視野，內心獲得慰藉吧？

首先，我先讓學生們想像太陽系的大小。我用來參考的資料是《如果地球是一百公分的球》（永井智哉著，二〇〇二年，世界文化社出版）。我原想使用模型，但由於找不到直徑一公尺的氣球，所以選擇了尺寸只有一半的球。

如果地球是五十公分的球……

富士山高度＝〇．一五公厘
聖母峰高度＝〇．三五公厘
最深的海洋深度＝〇．四五公厘（地球表面好像凹凹凸凸，但其實光滑而平整）
大氣層＝厚度〇．五公厘（像一層薄薄的玻璃）
月球直徑＝十三．五公分（在十五公尺外繞行地球）
太陽直徑＝五十四公尺（相當於十八層建築物的高度，在六公里外熊熊燃燒）
人類＝〇．〇五微米＝一公厘的二萬分之一（用顯微鏡才看得到）

地球表面積＝等同於邊長九十公分的四角形（七成是海洋，陸地只有三成）
日本＝等同於邊長二．五公分的四角形
上頭住著大約一億二千七百萬人。
其中一個人就是你。

我使用時下流行的健身球代表地球。月球則是以兩顆百圓商店販售的塑膠球組合而成。我將月球拿到走廊一端，大約十五公尺外給學員們看，大家都對月球離地球這麼遙遠感到驚訝。我再以九十公分的方形色紙表現地球的面積。七成藍色，三成黃色。我又在三成的陸地中，放上二．五公分的方形紅紙代表日本。大家最驚訝的是日本之渺小。沒想到比起宇宙的廣闊無際，大家竟對日本之小產生更大的反應，著實頗有意思。接下來，終於進入宇宙的歷史。

大霹靂↓原子核融合↓星球誕生↓原子核融合↓星球死亡↓超新星爆炸
因超新星爆炸而飛散至宇宙中的重元素，與氫、氦結合聚變，形成太陽系
太陽、月球與地球都是由從前曾在宇宙某處閃爍的星球碎片形成的

我們所有人也都是星球碎片

由曾幾何時在某處發光發熱的星球碎片形成

只不過，這些內容規模太過壯闊，又與日常生活相去甚遠，學生們聽了或許也是一知半解。即使如此，大家還是聽得津津有味，絲毫不嫌無聊，令我覺得不可思議。

課程結束後，一名學生如此敘述他的感想：

「我沒想到入監服刑還可以學到這種知識。如果我在外面，一定一輩子都不可能知道這些事。等我回去之後，我想將這些內容教給小孩，告訴他們，我們所有人都是星球碎片。我會好好加油，努力記得上課學習的東西。」

聽著聽著，我突然一陣鼻酸。他感受到我想說的事情了！或許他不懂大霹靂和原子核融合是什麼，但是他明白了我最想告訴他們的事情。

結束之後，細水統籌對我這麼說：

「我想大家應該無法理解全部的內容，但是，有個人拚命想傳達某些訊息給他們這一點，好像打動了他們的心。老師您沒有把他們當成笨蛋瞧不起，試著用最深入淺出的方式講解給他們聽，我想大家一定都很高興。」

接著，她露出微笑這麼說：

「不過，或許還是太難了一點呢！」

我的確太起勁了也說不定。一想起我談到原子核融合時，那群孩子目瞪口呆的表情，我就感到抱歉！對不起。我下次會考慮更不一樣的內容。

因此，在監獄高談闊論宇宙論的課程，這次之後便成了絕響。

團體朗讀話劇《橡實大會》

多方考量後，我決定第二次也進行繪本朗讀話劇。因為第一次朗讀《小狼跑過來了》時，大家的反應實在太好了。

題材是我執筆的創作繪本《橡實大會》。本書是從宮澤賢治的童話〈橡實與山貓〉中，一群橡實爭辯「自己才是最厲害的」畫面得到的靈感，內容屬於喜劇。

這是一本立體繪本，所以我先讓學生們邊讀邊享受翻開書頁時跳出的機關。接著，讓大家出聲朗讀。之後則是依照慣例，請他們以朗讀表演話劇。只不過，這次和之前不同，演員很多。加上旁白，多達七個人。因此我製作了角色名稱和畫了圖的名牌，讓大家掛在脖子上。

他們原本就是在實習工廠跟不上其他人的腳步，所以才會被選來參加這個課程。突然要他們七個人一起演出話劇，我當然也擔心是否能夠成功？不過也只能試看看再說了。

「那麼，請大家自己選你們最想演的角色。」

語畢，我將名牌放上地板的瞬間，奇蹟發生了。上一堂課說「不行。我辦不到」的孩子，竟然第一個伸出手拿起了名牌。光是看見那場景，就讓我感動不已，差點掉下淚來。

「喔喔，不錯喔！」

乾井教官也開心笑了。我們接納包容了說自己「辦不到」的他，才短短一個月，竟然這麼快就以這樣的形式開花結果！這一切就像魔法，卻是現實。

看他主動伸手拿取名牌，其他人也受到了影響，接二連三地伸出手。大家將名牌掛在胸前，朗讀話劇即將開始。

橡實大會

今天是一年一度的橡實大會。
原野上站滿了橡實。
大家要決定誰最厲害。
一顆圓滾滾的橡實跳了出來。

大橡實 我最厲害！
我最大，我最厲害！
瘦高橡實 不對，不對。誰最厲害，要靠帥氣決定。
最帥的是我！
美女橡實 才不是，才不是。誰最厲害，要靠可愛決定。
這裡最可愛的是我喔！
普通橡實 （從旁邊進來）胡說！可愛和厲害是兩回事喔！
栗太郎 （撥開大家）真是的，滾開滾開，滾開滾開！

大橡實、瘦高橡實、美女橡實、普通橡實　（大叫）呀啊～

栗太郎　大家都聽好！
最厲害的橡實，不用說就是本大爺！
我又大又重，個子又高，體型圓滾滾，
而且還很可愛。
怎樣？你們服輸了吧？

大家全部默默不語。

大橡實　嗯？好像怪怪的喔？

瘦高橡實　你……不是橡實！

美女橡實　啊！你是栗子吧！

普通橡實　沒錯！你是傲慢的栗太郎！

栗太郎　（抱頭）糟糕，被發現了嗎？對不起！

栗太郎偷偷走下樹墩。

大橡實　什麼嘛！果然還是我最厲害。因為我最大！

瘦高橡實　不對，不對。是我。我最帥氣！

美女橡實　才不是，才不是。可愛的橡實才最厲害喔。

栗太郎　可愛和厲害是兩回事喔！

大家吵得不可開交。

這時，聲音最大的橡實開口說話。

正義橡實　大家都錯了！那是天生的。

無論身材高大、嬌小、

圓滾滾，還是修長，都不厲害。

重要的是毅力！應該用毅力來決定！

大橡實、瘦高橡實　沒錯、沒錯，重要的是毅力！

美女橡實、普通橡實、栗太郎　沒錯、沒錯，有道理！
大家　贊成！
普通橡實　可是，怎麼分辨誰最有毅力？
正義橡實　就靠「轉圈圈」決定吧！
大家　原來如此！靠「轉圈圈」，是嗎？
大橡實、瘦高橡實　就這麼辦吧！
美女橡實、普通橡實、栗太郎　很好！很好！
正義橡實　好！那麼，開始囉！大家準備好了嗎？
大家　好了！
正義橡實　好。預備，起！

轉啊、轉啊，橡實團團轉。
大橡實打轉。小橡實也打轉。
長橡實團團轉。圓橡實也團團轉。
大家轉啊轉，不停轉啊轉。

啊啊，暈頭轉向、暈頭轉向。
轉著轉著就倒下了。暈頭轉向的橡實倒下了。
最後大家都躺在地上打滾。

正義橡實　喂！轉到最後的是誰？
大家　不知～道！
正義橡實　沒辦法。只好等明年再繼續了。
大橡實　明年我不會輸的！
瘦高橡實　你說什麼？我才是！
美女橡實　明年再見囉！
普通橡實　嗯，明年見！
栗太郎　（一臉擔憂）欸，可以讓我參加嗎？
大家　沒問題！

大家笑臉盈盈互道再見。

大家　再見！拜～拜！（互相揮手道別）

我刪去繪本原本描述的文章，只留下臺詞製成劇本，在A4紙上雙面印刷，又加了一層護貝。這是為了方便大家拿在手上閱讀。我另外還下了一道功夫。就是用馬克筆在不同角色的臺詞上著色，製作成那個角色專用的劇本。比方說，如果是「瘦高橡實」的話，我就在瘦高橡實的臺詞上著色，扮演那個角色的孩子，只要讀有顏色的部分就好。「大家」一起唸的臺詞也塗了顏色，所以不用擔心會搞錯。總之，我這麼做，就是想盡量減輕他們的負擔。

不僅如此，乾井教官還在地板上貼了彩色膠帶。

「這裡是樹墩。請大家輪流站上這裡唸臺詞。」

朗讀話劇開始了！一開始，所有人都提心吊膽。

「唸臺詞的時候，記得站上樹墩喔！」觀眾席傳來聲音。

飾演大橡實的孩子，以跟蚊子一樣細微的聲音說：「我是第一個。」

「聲音大一點，你的語氣可以更跋扈沒關係！」

「好、好的。『我最厲害！』」

「對對，就是那樣。下一個，瘦高橡實。」

「『不對，不對。誰最厲害，要靠帥氣決定。』」

他邊說邊小心翼翼地站上樹墩。

「瘦高橡實，你要更有精神一點，試著把大橡實推開看看。」

結果，瘦高橡實露出徬徨的表情。

「老師，我不行。那種事，我辦不到。」

我這才猛然發現，他是個文靜又不起眼的孩子。明知道是演戲，也沒辦法推開別人，他就是這麼敏感而脆弱。

「沒關係，那就算了。不用推開他也沒關係，就在你做得到的範圍試看看吧！」竹下教官出手相助。

「好。呃……『不對，不對。誰最厲害，要靠帥氣決定。最帥的……是我……』」

他小心翼翼地唸完臺詞，人在觀眾席的竹下教官說出「ＯＫ！」並微笑。大家也都笑容滿面地觀賞著。

美女橡實的角色，由乾井教官扮演。

「『才不是，才不是。誰最厲害，要靠可愛決定。這裡最可愛的是我喔！』」

他發出高亢的聲音，還故意露出裝模作樣的表情，簡直就像吉本新喜劇。大家哄堂大笑。教室裡的氣氛頓時變得和樂融融。

有幾個場面需要演員異口同聲，但每個人開口的時機不一，聽起來七零八落。但是，我們並不在意，繼續演出。因為我們的目的並非「演技精湛」。接著，終於到了「團團轉」的場面。

「大家隨便動吧！」

我對他們這麼說，但孩子們卻動也不動。由於在監獄裡根本碰不到可以自由行動的場面，大家都顯得不知所措。「像這樣轉圈圈」，我示範給他們看，有的孩子模仿我，慢慢轉起圈來。然後是頭暈目眩倒地的場景，所有人都橫躺在地毯上。

第一次就如前述，大家都怯生生的，但是更換成員，上演兩、三次後，學生們的模樣逐漸變得不同。

飾演美女橡實的孩子拋開束縛，演出一個愛裝可愛又矯揉造作的女生。還出現一個自己把臺詞改成關西腔的孩子。演員們越演越有默契，大家一起整齊高喊「沒錯、沒錯」。默契十足、異口同聲的演出，似乎讓大家都感受到喜悅。「團團轉」的場面也可看見他們下了功夫。甚至出現如玩電車家家酒般排成一列繞行教室的隊伍。每次更換成員或配角就有不同變化，也會誕生一些別致的小創意。無論演員或觀眾都百看不厭，演出變得越來越講究。

這群孩子多年來一直被人蓋上「笨拙」、「沒救」的烙印並遭到排擠，懷抱著心靈的創傷。這也讓他們變得更加膽怯。但是，請大家看看，才短短一個半小時就有如此巨大的改變。他們用自己的創意加以改編，默契十足地演出話劇。身為觀眾，我們也能感受到這些事情為他們帶來了喜悅和快樂。彷彿可以看見他們心中萌生了小小的自信，並逐漸成長的模樣。

自此，《橡實大會》團體話劇成為我們多年來的固定課程，直到十年後的最後一個學期。課堂上還曾發生過這樣的事。有個學生從剛開始上課就一直低著頭，教官甚至擔心地對他說：「如果你覺得太辛苦，可以不用勉強。」但是，自從開始表演《橡實大會》後，他變得越來越有朝氣，最後甚至自願扮演其中一個角色。話劇的力量，不，同儕的力量實在太驚人了。

有一次，碰巧行經走廊的監獄官看見學生演出後大吃一驚，特地過來詢問我們。

「他們都是在實習工廠獨來獨往或難以應付的孩子，沒想到竟然能像那樣默契十足地演出團體話劇，真是太厲害了。請問你們到底練習了幾個小時？」

「今天是第一次表演，大家都是第一次見面哦。」

「咦！這是怎麼辦到的！」

也難怪他會如此訝異。一群跟誰都合不來的小孩，竟能聚在一起演出如此活靈活現的話劇，他一定無法立刻相信眼前這奇蹟般的光景吧！其實，這並非什麼奇蹟，是有「祕訣」的。

安心、安全的教室

人們只要感到驚嚇或膽怯，就會心生畏縮，無法充分發揮能力。在實習工廠的他們正是這種狀態。他們心裡淨擔心著「會不會又搞錯順序」、「會不會又挨罵」、「說不定會不順利」。因此，只要稍微出一點差錯、遭到其他人指正，就陷入恐慌狀態，不知如何是好，甚至無法理解對方在說些什麼。當然，雙方的對話自然無法成立。無法溝通使對方更加煩躁，而見到對方的反應，令他們更加畏縮不前，就此形成了惡性循環。在這樣的狀態下，連原本擁有的一半力量都發揮不出來。

為了消除他們的恐懼，我們需要的莫過於「安心、安全的場所」。

我們這些站在指導者立場的人，最留意的正是這一點。首先最重視的，就是如何將教室變成「安心、安全的場所」。在社會性涵養計畫的第一堂課上，教官們便如此告訴學員這項計畫的目的。

「我們希望各位將來出獄時，可以更容易和人溝通，也能活得更輕鬆一點，才開設了這堂課。我們希望各位遇到困難的時候可以向人求助，也可以果斷拒絕討厭的事情，活得幸福。

「因此，在這堂課，我們不會幫各位打『分數』，不會有任何評價。絕對不會因為各位在教室裡的表現，影響假釋時間的快慢，所以請放心。」

光是聽到這些話，他們變得輕鬆不少。因為一直以來，他們時時刻刻被人「打分數」，總是遭到父母、老師及朋友指責「你不行」、「你不成器」、「你就不能像一般人一樣嗎？」但是，在這裡，不用擔心我們會對他們說那樣的話。

「監獄生活非常寂寞。所以，我希望來上這堂課時，可以讓大家鬆一口氣。請大家好好放鬆，養精蓄銳。」

他們平常總是遵循紀律，受到嚴格的規範。行走時也必須配合「好，五指併攏。一、二、一、二」的口號前進，連指尖都得併攏得整整齊齊。剛入監時聽教誨師演講時，也規定要雙手輕輕握拳放在膝蓋上。連洗澡都得聽從號令泡入浴池，再配合號令一起出來。想放心浸在水裡慢慢溫暖身子或哼首歌都不被允許。在如此緊繃的監獄生活中，聽見在這裡可以自由做想做的事，他們都鬆了一口氣。

教室鋪著地毯，要脫鞋才能進去。裡頭也有空調。整座監獄有空調的地方，就只有這裡。夏天，紅磚會蓄熱，即使入夜也像餘溫尚存的烤箱，他們就生活在這樣的酷暑中。而冬天則是冷得徹底。最近已經難得看到的凍傷或冷到皮膚龜裂，我卻在好幾個孩子身上看見。換言之，只有這間教室是不同的世界。這裡冬暖夏涼，從偌大的窗戶看出去，可以看見寬廣的天空。春天窗戶外頭的老櫻花樹，會綻放淡粉紅色的花朵。還能聽見小鳥的鳴囀啾啁。

我們小心留意「不去評價」他們。這其實相當困難。竹下教官甚至斷言「就連讚美也會在他們心中留下創傷」。

「給某個人好的評價，會讓沒有獲得讚美的孩子認為『啊，原來我不行啊』。得到讚美的當事人也有可能心想『我不這麼做的話，就得不到讚美』，導致他們勉強自己。『要做到這個地步才算及格』本身就是一種壓迫。因此我認為在這堂課上，最需要重視的就是『不要評價學生』這件事。」

經他這麼一說，我一開始相當徬徨。人們得到別人的稱讚，不但會開心，還會想加把勁更努力。我一直以為「讚美使人成長」是理所當然的事。沒想到讚美也有可能成為壓迫的手鐐腳銬。那麼，我到底該怎麼跟他們說話才好？

「不要用上對下的眼光對他們說『你寫得很好』，而是像『這個我懂』、『老師也這麼覺得』這種感覺。而且，比起誇張地強調你的同感，不經意地表示贊同才是恰到好處。像我就經常使用『ＯＫ』這個字。」

要學會這個技能非常辛苦，但兩位教官給了我非常好的示範，因此我也一點一點地學會了跟學生溝通的技巧。只不過，聽見他們朗讀詩歌，我還是經常忍不住脫口說出「好棒！」

知易行難，即使明白道理，也不易執行。這就像打棒球的長嶋選手指導學生

「只要這樣揮棒打到球就好了」那則笑話一樣。在教室中對待受刑人的方式，也是出於教官們長年的經驗和熟練才辦得到。

不僅如此，在這堂課裡也「不警告學生」。比如，即使學生大字坐在椅子上，也不對他說「坐好」。即使有孩子趴著睡覺，也只問他「怎麼了？你還好嗎？」如果他抬起頭回答「我只是想睡覺」，就回答「這樣啊，你累了吧」輕輕慰勞他一句。絕對不說「起來好好聽課！」

另一個要點是「等待」。指導者絕不催促學生。有的孩子輪到他發言時也不出聲。這時候，默默地耐心等待他開口才是良策。

不出聲的孩子，成長途中幾乎都遭受過狠毒的虐待。「只要開口就會挨揍」的想法深植他們心靈，形成了創傷。因此，即使他們再怎麼明白教室很安全也發不出聲音。為了發出聲音，他們必須攀爬並越過心理創傷的那道峭壁。只要他們無法開口說話，就表示他們還處於攀爬心理創傷那道高牆的狀態。當他們好不容易終於伸手觸及微微突起的岩石，倘若在那瞬間聽到別人說「你想說什麼就儘管說吧！」很可能讓他嚇得手一滑跌落谷底。有時，費盡千辛萬苦打起精神重新攀爬，就在聲音幾乎快到喉頭的瞬間，老師的一句「等一下再換你吧！」也會讓原本快說出口的聲音再也出不來。所以，我們只能等候，只能耐心地等候。

我在社群網站上寫了這件事，有人發出「好可憐」、「根本是虐待」的意見。沉默不語等待的時間，的確令人喘不過氣，令人忍不住想說些什麼。

但是，教室裡的夥伴卻出乎意料地一點也不放在心上。雖然多多少少有無聊的感覺，卻沒有壓迫感。反而讓他們覺得「啊，就算我回答不出來，大家也會像這樣等我啊！」而感到安心。

只要耐心等待下去，他們最後一定會出聲。我們班上就有好幾名不太敢說話的孩子，但最後他們一定都會開口。所謂的「等待」，並不用花上幾十分鐘，大多是幾分鐘。但短短數分鐘的沉默，還是令人感到漫長；在長達九十分鐘的課程中，即使是短短幾分鐘也顯得彌足珍貴。但是，沒有必要心急。再怎麼久，也不會超過五分鐘。孩子們會出聲的。只要等待，他必定會開口。

當他發出我們期待許久的聲音時，周遭的同學不知有多麼為他開心。因此，就算忍不住想說「好。謝謝你。下一位」，當下也必須忍住。因為，好不容易說出來的那句話之後，一定還會接著一連串他想說的事。所以當他回答「對，我也這麼想」之後，只要多等一拍，他就會暢所欲言地說出想說的事。這也讓我深切感受到，原來這孩子其實很想說話，只是他的一字一句都像被石頭壓住那般，說不出口。

只要像這樣耐心等待，輪到下一個孩子發言時，需要的時間就會減半。下一個又會減半。到了最後一堂課，大家開口的速度只是稍微慢了一點，但都能極其自然地開口說話了。親眼看見他們的變化，屢屢讓我驚訝不已。宛如化學反應，必定會得到相應的結果。

學生中有個嚴重口吃的孩子。一開始說不出話來，看起來非常痛苦，但慢慢等待他說出要說的話之後，到了最後一堂課，他幾乎不再結巴了。經常有人看見他說話的模樣而驚訝地表示：「奇怪，我記得那孩子之前說話會結巴啊！」

正因為如此，「等待」成了這堂課的鐵則。不過，有一次發生了這樣的事。教室裡的夥伴看見遲遲說不出話的同學，決定出手相助。我受限於「等待」的鐵則，忍不住想阻止他。結果教官看著我的眼睛，用眼神暗示我「讓他們做他們想做的事」。我決定吞下差點脫口而出的話，讓他們自由行事。

獲得幫助的學生本人對於朋友的聲援，露出安心的表情，氣氛變得和樂融融，令人心情愉悅。原來指導者出手相助，跟朋友出手相助，意義竟如此不同。

我這才領悟到，不可以受限於任何既有的想法束縛。即使原本的做法能像化學反應一樣順利，但那並非唯一的解答。重要的是人心，是人製造出來的「環境」及「歸屬感」。那才是改變一切的要素。仔細觀察他們，臨機應變並用心陪伴才是最重要的。

話題扯遠了，言歸正傳，也就是說，這堂課對他們而言，是個「不用立刻回答也無妨，大家會耐心等候我」、「不須被人評價」、「不會挨罵」、「安心、安全的地方」。所以他們才能放鬆身心。只要放鬆，就能充分發揮力量。和同伴共同進行一項工作時，甚至能夠發揮超乎自己原本擁有的能力。這一點是教室跟重視紀律與效率的實習工廠，最大的不同之處。因此，他們才能在團體朗讀話劇時，發揮那麼大的力量。

我們指導者的工作並非「指導」或「引導」。不過，一開始還是忍不住想開口幫他們一把。但是，以上對下的目光對他們進行「指導」或「引導」，他們都能敏感地察覺，因而心生抗拒。因此，我們漸漸不再「指導」。而是致力於經營一個「安心、安全的場所」。只要製造出那樣的環境，學生們就會自發地成長，甚至主動得驚人。

老實說，我本身也因為這堂課產生了變化。我打開了心門，用心聆聽他們的詩作，與他們感同身受。就連長年從事教育的教官們，也在課程結束後告訴我，因為這堂課「自己也變得不同了」，令我訝異不已。

雖說如此，並不表示我們和學生變成了隨意自在的朋友關係。他們依舊對我們懷抱著敬意。但他們尊敬我們，並非因為我們身為「老師」的立場，而是因為我們是「誠心接受他們想法的大人」。

只要感到「安心、安全」，任誰都能發揮百分之百的力量。好比在安心且安全的家庭，孩子就能健健康康地成長。反之，如果隨時都得遭受「去讀書」、「你在拖拖拉拉什麼」、「動作快」、「成天就只會打電動」之類的責罵，家庭就不再是一個安心且安全的場所，只會削弱孩子們的氣力。

我和在加古川[13]經營家庭教師派遣公司「家庭教師系統學院」的長谷川滿先生談過，才知道果真如此。我一開始一直認為所謂的家庭教師就是「逼孩子讀書的工作」，其實並非如此。長谷川先生最重視的是：對孩子而言，家庭必須成為「安心、安全的地方」。為此，為人父母必須停止隨心所欲地控制孩子。只要能信賴孩子、用心陪伴，孩子就會擁有獨立心，主動積極，成績也會有顯著的進步。他說：

「每個人心裡都沉睡著一顆美好的種子，只要環境齊備，種子自然會萌芽，朝向光明成長。最好的環境，就是安心、安全的地方。」

由於他的方法和「社會性涵養計畫」實在過於相似，令我大為驚訝。監獄和家庭教師可謂截然不同的場所與環境，但最終都歸結於相同的方法論。我認為那一定代表著「安心、安全的環境對人類很重要」是顛撲不破的真理吧！

相信孩子並耐心等待。嘴上說來簡單，執行起來卻很困難。不過，透過在奈良少年監獄的課程，我知道「我可以相信他們」。即便是懷抱困難來到監獄的孩子，只要相信他們並耐心等候，他們便會自己成長，而且是令人瞪大眼睛的快速成長。不管什麼人，內心都擁有朝向光明伸出嫩芽的種子。相信看不見的種子力量並耐心等候，就能得到好結果——監獄的學生教會了我這個道理。

13 兵庫縣加古川市。

窗道雄先生與金子美鈴女士

兩次使用繪本的課程結束後，我們終於進入詩作的課程。到此為止，都是為了寫詩的「心靈熱身操」。必須讓學生明白這間教室是個安心、安全的地方，還有能夠理解他們的教官及值得信賴的夥伴存在。如果他們感受不到這點，就不可能寫得出「詩」來。因為寫詩是必須敞開心門、表現靈魂的一件事。

但是，他們不習慣書寫，我擔心他們無法輕易地寫出東西來。所以我決定先讓他們接觸「詩」，因此選擇窗道雄先生與金子美鈴女士的詩作讓他們閱讀。因為兩位作家的內容平易近人、容易理解，其文字有深深打動人心的魔力。

一開始，我讀了窗先生詩作中最知名的〈大象〉。也就是以「大象、大象，你的鼻子為什麼那麼長？」開始的歌曲。我希望讓學生知道，即使只用平假名書寫，也是一首氣派的「詩」。

我將這首詩的講義發給大家，其中一個學生立刻回答「啊，這是『大～象、大～象』對吧？」並為它加上節奏演唱，如象鼻一樣用力揮動一隻手。

「對，你說得沒錯。那麼，大家一起出聲唸唸看吧！」

因為已經上過繪本的課，所以大家不再抗拒，大聲地朗讀出來。

「機會難得，我們大家一起玩個遊戲吧！」教官提議。「咦～」有人發出不服的聲音。即使習慣了朗讀，提到玩遊戲還是令他們退卻。

大家紛紛表示「玩遊戲太丟臉了」以及「我不想玩」。

「玩看看嘛，說不定很好玩喔！」教官帶著笑容催促他們，大家才心不甘情不願地答應。大家從椅子上站起來圍成圓圈，用力揮手邊走邊唱「大～象、大～象，你的鼻子為什麼那麼長？」

試了之後才發現真有趣。實在太好玩了！大家心情越來越好，開始大大揮手前進。聲音也越來越宏亮，完全打開了童心。

然而，只有一個孩子堅持坐在位子上不肯起身。「怎麼啦？跟我們一起唱歌嘛！」我試著邀請他，但他只回我：「不要。」

「你知道這首歌吧？」

「不知道！」

我心裡一驚，忍不住問他：「以前在幼稚園沒唱過嗎？」

「我沒上過幼稚園。」

「那、那麼，上小學的時候呢？」

「我也沒上過小學。」

我心想「糟糕！問了不該問的事！」不禁冷汗直流。這是Neglect[14]。這孩子不幸遇上放棄育兒的父母，連小學也無法讀。那樣的孩子來到了這裡。

「原來是這樣啊。對不起喔。」

我深深感受到，不能將一般社會上的理所當然套入這個地方。

雖然發生了上述事件，「大象」的遊戲仍博得學生好評。結束後，教室裡充滿了輕鬆舒暢的解放感。

課程結束後的檢討會上，教官對我這麼說：

「那些孩子都成長於無法充分展現童真的環境。他們長年處於不允許撒嬌或表現得像個小孩的環境，就這樣成了大人。因此，解放他們心中的『小孩』非常重要。讓自己變得天真無邪，正是通往更生的第一步。」

我們閱讀了窗道雄先生的詩〈蒲公英〉、〈魷魚乾〉、〈放屁很偉大〉、〈醃菜桶上的大石〉，以及金子美鈴女士的詩〈我、小鳥和鈴鐺〉、〈漁獲豐收〉、〈星星與蒲公英〉、〈笑〉，一起談論感想。那是一段非常美好而快樂的時光。他們宛如水滲入細沙般吸收詩的韻律及音調，逐漸獲得嶄新的力量。不久後，還出現了如音樂般充滿韻律地朗讀詩歌的孩子。

但是，我後來才知道讓他們朗讀自己創作的詩並描述感想，效果更加卓越。孩子們的模樣有了顯著的改變，甚至屢屢表現出讓人屏息的變化，令我讚嘆「啊，真的不同了！」

他們真正需要的並非「優秀的詩作」。有一樣東西對他們而言更重要，是他們更切實需要的。那就是「他們自己的話語」，以及「與同伴們共同分享那些心聲」。

於是，第四學期是我們最後一次欣賞窗道雄先生與金子美鈴女士的作品。自第五學期開始，我決定從第三堂課起請學員們寫詩帶來班上。

「我們下次要上詩作課。還要給大家作業，請大家回去寫詩。」

結果，某個學生舉手。

14 原指忽視、疏忽之意。為幼兒虐待的形式之一，例如放棄育兒、虐待、照顧不當，導致兒童健康或福利受損甚至死亡。

「老、老師。請問，作、作業是什麼意思？」

原來這孩子也從來沒上過學……。

第3章

詩讓少年們卸下了心防

內心的黑暗是彩虹的顏色

歷經前述的過程，我們終於進入詩作課程。先前的時間，對孩子而言是為了寫詩的心靈熱身操；對我而言，則是了解他們的準備期間。在接觸到他們之前，我對受刑人一無所知。因為他們成長的世界，和我一路走來見到的世界相去甚遠。從前的我一定無法想像，竟然真的有不知道童謠〈大象〉和「作業」的孩子。我多年來都只取浮在斷層化社會最上層的清水飲用，過著不經世事的生活。只有在報紙的報導或電視新聞上才能看到他們。從不知他們背後的悲傷故事，只看見最後顯露在社會上的惡劣結果。因此懷抱著刻板的概念，認為犯罪者都是「可怕的人」。

然而，實際認識他們之後，才發現事實並非如此。我希望所有人都能明白這件

事，因此編纂了兩本《奈良少年監獄詩集》，並寫下本書。

言歸正傳，我們終於進入詩作課程，因此必須請他們寫詩。一提到「詩」，大家都會覺得門檻很高。我想那一定是因為「詩」是神聖的、是靈魂的話語吧！加上大家或許都有先入為主的觀念，認為詩中必須描繪美好的事物，或以獨特的觀點寫下字字珠璣不可。因此，我決定先降低難度。

「請大家回去寫詩。」我一說完，孩子們立刻發出「咦～」的哀號。

「不用擔心，大家不用想得太難。不須寫什麼了不起的事，也不用刻意只寫好話。更不用逼自己一定要寫得很好。寫什麼都無妨。比如說，像『今天很熱』這樣，只寫一行也可以。大家可以寫小時候的回憶、開心的事、難過的事、將來的夢想或希望，還有擔心或不安都沒關係。當然，寫現在的心情也很好。不管什麼都可以，要寫你們對監獄的抱怨，或說教官和監獄官的壞話也行。不管寫什麼內容，我們這堂課都絕對不會罵人。也不會因此懲罰大家，所以請放心。如果真的找不到可以寫的事情，那就寫寫你『喜歡的顏色』吧！」

結果，學生們交上來各種顏色的詩。我們總是傾向一概而論，認為「犯罪者的內心是黑暗的」，但事實並非如此。我在講師休息室閱讀他們的作品時，內心百感交集。藍、紅、黃、綠……甚至還有孩子舉出「淡紫」這麼可愛的顏色。他們的作品中充滿了比七色彩虹更加多彩而細緻的顏色。其中還有這樣的顏色。

金色

金色是
鑲在天空的星星
金色是
夜晚　展開翅膀　拍打的鶴
金色是
高聲響亮的　鈴聲
我最喜歡　金色

這是個性沉默體格粗壯的A同學的作品。雖說是金色，但他不僅描寫出眼睛看到的色彩，更用飛天野鶴及鈴聲來描述「金色」。他的感性多麼新鮮而豐富啊！我完全想像不到，原來他心中懷抱著如此美麗而靜謐的畫面。若非「詩」，恐怕無法呈現出他的想法。

接下來是文靜的B同學的作品。

銀色

無限的色彩之中
我　最在意的是銀色
銀色　有各種形態
人的姿態和行動
物體形狀或大小
有時看來微小
有時看來巨大
銀色　是看不見的顏色
也是看得見的顏色

我想起孩提時期，臉孔映照在湯匙或保溫瓶上的事。自己的臉大大扭曲，看起來非常有趣，所以一下遠一下近地玩得不亦樂乎。鏡子明明能夠映照出森羅萬象的色彩，但我們卻都認為鏡子是「銀色」，想來真是不可思議。

長大成人後，我便將那樣的想法置之腦後了。但是，B同學至今仍像孩子一樣，對事物懷抱著驚奇。對我來說，那樣的反應很新鮮。想必他一定有一顆柔軟的心吧！但是，說不定就是因為如此，才令他難以在這個世界生存。

以「黑色」為題的孩子很多。大概是因為黑色象徵著「男子氣概」吧！下一首是C同學的詩。

黑色

我　喜歡黑色
我認為黑色很有男子氣概　是帥氣的顏色
黑色　是不可思議的顏色

讓人找不到的顏色
眼睛看不到的　黑暗的顏色
我覺得黑色是　有點　寂寞的顏色
可是
星空的黑色很漂亮　不是寂寞的顏色

每當發生殘酷的案件，人們立刻會提及「內心的黑暗」。將涉嫌犯案的人視為無法理解的怪獸，試圖切割他們，將他們從社會上排除。但是，他們的黑暗並非一整片單調的黑，而是如此充滿細緻差異且豐富的黑暗。

我讀著讀著，不禁一陣悵然。「讓人找不到的」、「黑暗的顏色」，在C同學眼中是「寂寞的顏色」。他的人生，一定也經歷過那樣的回憶吧？我彷彿看見C同學躲在陰暗處害怕發抖的身影。

然而，C同學心中仍在尋找寬廣無際的星空。看見他最後寫下「不是寂寞的顏色」，讓我感覺得到了救贖。

即使是犯罪者，「內心的黑暗」也隱含著如此多層次的聲響。

一行短詩成了開啟眾人心扉的鑰匙

我從未想過，短短一行詩，竟然能讓在場所有學員敞開原本緊閉的心扉。

雲

因為天空是藍色的　所以我選了白色

第一眼看到這行短詩，我的感覺是「還真是詩意啊」。短詩省略了主詞，但標題已經充分說明一切。這是從白雲的第一人稱角度寫的，「因為天空是藍色的，所以我選擇當白色的雲，飄浮在湛藍的天空中。」

「D同學，請朗誦你的詩給我們聽。」

這首詩的主人低垂著頭，快速地唸了一遍。由於發音不清楚，大家根本聽不懂他在唸什麼。

當時D同學身上還有吸毒留下的後遺症，所以無法清楚地發音。他的頭上有一道怵目驚心的傷痕，那是被他父親用金屬球棍毆打的痕跡。也許這就是造成他無法好好說話的原因。自幼遭到虐待，長久以來被最親近的人傷害，使他嚴重缺乏自信，平時老是低著頭不敢與人目光接觸。之所以急著唸完詩，大概是想盡量縮短在眾人面前發言的時間吧。

「不好意思，我聽不太清楚。可以麻煩你再唸一遍嗎？」

他再唸了一遍，大家還是聽不清楚。所以，我又請他重複唸了幾遍。

「抱歉，可以請你再大聲一點，速度放慢~一點，讓對面的同學們也能聽到你的詩嗎？」

終於，D同學緩緩抬起頭，試圖將每一個字清楚地唸出來。

「因為……天空是藍色的……所以我……選擇了白色。」

一旁屏氣凝神的同學們，總算鬆了一口氣，眾人報以熱烈的鼓掌。我跟教官也用掌聲回應D的努力。在場所有人都打從心底為他感到高興。「老……老師，」突然間，D小心翼翼地舉起手來。

「那、那個……我有話想說。請問我可以說話嗎？」

所有人都嚇了一跳。平時總是低垂著頭、幾乎不發一語的D同學，竟然主動舉手要發言。這一瞬間，他打開了緊閉已久的心扉。

「當然可以，請說。」

於是，D同學開始說話了。他說的第一句話，至今仍烙印在我心裡。

「今年，是我媽媽去世第七年。」

我心中猛然一痛。D同學用他那不甚流暢的口齒，緩緩道出自己的故事。

「我媽媽她，身體不好。可是，爸爸經常打媽媽。我那時還很小，沒有辦法保護媽媽。媽媽死掉前，在醫院對我說：『覺得難過的時候，就看看天空吧。媽媽一定會在天上守護你。』所以我，試著把自己當成媽媽，用媽媽的心情，寫了這首詩。」

我百感交集，拚命忍住即將奪眶而出的淚水。短短的一行詩背後，竟有這樣的故事。

D同學的故事打開了學員們的心防。大家紛紛主動舉起手來發言。

「我覺得，D同學能寫出這樣的詩，就是對他媽媽盡孝了。」

多麼溫柔的一句話。長久以來D同學因為無法從爸爸的暴力下守護媽媽，總是懷抱著罪惡感，此時卻有人安慰他：「沒關係。你寫了這首詩，對媽媽來說就是最好的供養。你已經對媽媽盡孝了。」說這話的人，其實正因為殺人重罪入獄服刑。明明有一顆這麼溫暖的心，當初為何會犯下那樣的錯。接著又有人舉起手來。

「我相信D同學的媽媽，一定是像雲那樣潔白無瑕的好人。」有這麼棒想像力的你，為何會犯罪來到這個地方呢？當初難道不知道會被關到這裡嗎？我努力逼自己嚥下即將脫口而出的疑問。

「我也這麼覺得！D同學的媽媽一定是像雲一樣溫柔的人。」這些孩子！到底是什麼把你們逼到了這種地方呢？這個疑問不斷衝擊著我的心。

此時，有一個人奮力舉起手來。「E同學，請說。」E同學是個平時悶不吭聲的高個子。但這樣的他總是駝背瑟縮著身子，所以看不出來是高個子。課堂上的他總是低垂著頭，一臉陰沉。

「我……我，我……」他試圖發出聲音。你看得出來他正努力攀過眼前那道又高又大的障礙。過了好一會兒，E同學總算擠出他想說的話。

「我，我沒看過我媽媽。但是，這首詩讓我覺得，只要抬頭看天空，一定可以看到媽媽在那邊守護我。」

突然間，他哇地大哭起來。教室裡的所有人都出聲安慰他。

「沒錯！一定是這樣！」

「你一定覺得很孤單吧！」

「這一路走來，你辛苦了！」

「我媽媽她，也不在了。」

在大家的安慰聲中，E同學盡情放聲大哭。在場的教官們也忍不住拭起淚來。

自那天起，E同學有了戲劇性的改變。之前經常自殘的他，從此不再傷害自己。E同學因為覺得自己罪孽深重，沒有資格活在這個世上，一直嘗試了結自己的性命。每當他又自殘，就必須接受「懲戒」，被隔離在個人房。那天恐怕是他第一次對人公開「沒有母親的寂寞心情」。而眾人對他的接納，療癒了那顆傷痕累累的心。

下個月來上課時，E同學變得判若兩人。他個子變高了很多，因為他打直了總是駝著的背脊。最後一堂課，他甚至能露出笑容和大家交談。

關於E同學，還有一些後續消息。為期半年的社會性涵養計畫結束後，我們外部講師便無法再見到他們。但是，我後來有一次機會見到了E同學。因為電視臺前來採訪，訪問E同學。

睽違半年見到E同學，他變得開朗不少，我差點認不出來。他抬頭挺胸，簡直判若兩人。他自豪地對我這麼說：

「我這次在實習工廠當上副班長了！」

曾經是大家累贅的E同學當上了副班長！他的成長實在太驚人了。他接下來所說的話，讓我驚訝得差點從椅子上摔下來。

「我這陣子休息時間都在聽大家訴說他們的人生煩惱。」

我忍不住噗哧一笑。我深深相信他已經沒問題，可以回歸社會了。

越是深切痛苦過的人，越能理解他人的苦楚。所以他才能成為傾聽別人煩惱的好聽眾吧！過去無法改變，但一個人可以改變現在的生活方式，可以改變過往種種的意義。換言之，每個人都能藉著行動「改變過去」。

此時，教室緩慢地搖晃起來。乾井教官低聲說：「我頭暈了。」

「老師，不是你頭暈。是地震了。」

我望向窗外，種植在操場邊緣的整排白楊樹，樹梢不停搖晃。動作如搖曳的水草般輕緩，幅度卻很大。那天發生了東日本大震災[15]。

受刑人後來也透過監獄內的電視得知了地震災情。不知道他們是以什麼樣的心情，看著反覆重播的海嘯畫面？

地震過後幾週，我在教室裡見到他們，發現大家全都受到極大的衝擊。

「待在監獄裡，不能幫災民做點什麼，讓我覺得很著急！」

「災民過著飢寒交迫的生活，我們卻三餐溫飽，我覺得很對不起他們！」

大家都對我這麼說。社會大眾很容易認為「犯罪者平常在監獄裡過得輕鬆自在」，其實不然。他們也會擔心重大災害的犧牲者和受災民眾，並感到痛心。看著那樣的他們，我深深感受到他們並非什麼「怪物」。

15 即俗稱的「三一一地震」。

任何話語都能成為一首詩

喜歡的顏色

我喜歡的顏色是
藍色
第二喜歡的顏色是
紅色

說到「喜歡的顏色」，不得不提F同學這首單刀直入的詩。我完全沒料想到他會以這麼直截了當的方式，對我投出一顆快速直球。到底該讚美哪裡才好，我也不知道。教官和我，我們都非常苦惱。

結果，學生們舉起了手。我一邊不可思議地心想「這種作品到底有什麼好說的？」一邊點了一個舉手的學生。

「我覺得一次可以聽到兩種F同學喜歡的顏色非常好！」

我倒抽了一口氣。竟有如此溫柔體貼的人！就連我們站在指導者身分的人，都想不到這樣的讚美。我指了另一個人，他回答：「我也是。」

「你也是？」

「我也很高興F同學可以告訴我們兩種他喜歡的顏色！」

讚美還升級了！一股暖流瞬間湧上心頭。

寫下這首詩的人，我們暱稱他為「土塊同學」。每次上課時，他與其說是「人來聽課」，更像是「被人放在那裡」。他的眼神總是在空中游移，好像誰的話都傳不進他的耳裡。F同學看起來就像是把自己關進透明的膠囊裡，在幻想的世界裡神遊。

面對這樣的F同學，學員們不吝給予如此溫柔的讚賞。那是身為指導者的我們，誰也沒想到的溫柔話語。又有一個人舉手了。我邊懷疑他到底還能再說些什麼，邊指了他，結果他真心誠意地說了這麼一句話：

「我想，F同學真的很喜歡藍色和紅色吧！」

我服輸了。這麼真誠坦率的話，我怎麼也想不到。

我很好奇F同學本人有什麼反應，不經意朝他一瞥，發現他竟然笑了。嘴角微微彎起，露出一抹微笑。他溫和的笑容讓人不禁心想，所謂「如花朵綻放般的微笑」，原來指的就是這個畫面啊！我高興得差點掉下眼淚。

教官的心情也跟我一樣。乾井教官眼眶含著淚水對他說：「喂，F同學，你的表情很不錯喔！」結果，F同學露出害羞的表情，臉頰頓時染紅。那模樣非常可愛，可愛得讓人受不了。

他再也不是「土塊」了。因為他自己打破了透明膠囊，飛向這個世界。從這天起，F同學開始可以跟大家對話了。

沒想到這麼一點小事，就能讓一個人瞬間改變如此多！人們只要能描述自己的心境，知道有人願意接納自己的想法，就能得到這麼大的慰藉，敞開心房與人交流嗎？

果真如此的話，那麼F同學至今究竟住在什麼樣的世界？那一定是個必須讓他將自己關在單人用膠囊裡，與世隔離的殘酷世界吧！在那個荒涼的場所，他連一丁點讚美都得不到。一想到此，我便因為他的寂寞和嚴苛的處境而忍不住顫抖。隔離外界的透明膠囊，想必是他用來保護自己的「避難所＝內心的盔甲」。

教室裡那群夥伴的溫柔，融化了他心裡堅固的盔甲。他們告訴了F同學「以一顆赤裸裸的心出來外面也沒關係喔！因為我們是你的夥伴啊！」我們這些指導者辦不到的事，教室裡的同學卻做到了。我認為這不是指導者的功勞，而是學生們營造出的「歸屬和環境的力量」。

這件事還教會了我另一個基本的道理。那就是——只要有人認為「這是詩」並寫下，而另一個人認同「這是詩沒錯」，那一瞬間，不管什麼話語都能「成為一首詩」。而且那首詩還擁有足以改變作者人生的力量。

從前一直認為唯有優秀詩歌作品才具價值的我，真是個愚不可及的「詩歌菁英主義者」。世上當然有優秀的詩歌作品，也有超越時空和國度，廣受人們吟詠閱讀的雋永詩歌，但並不代表只有那些作品才有價值。

言語本來的目的，就是連結不同的人。人們透過言語互相理解，接納彼此的心。即便再幼稚笨拙的作品，只要一字一句能夠打動在場聽眾的內心並引起共鳴，就充分地發揮了言語應有的作用。那正是言語最重要的使命，也是最珍貴的功用。即使那些話並不具普遍性也無妨。因為那些話已經連結起這片土地上的人們，催生了喜悅。就言語而言，還有比那更值得驕傲的事嗎？

這些孩子們教會我許多重要的事。如同他們在改變一般，我也變得截然不同。

現在的我，之所以可以成為這樣的我，全要感謝他們。是那群犯下重罪的受刑人教會了我重要的事。我由衷感謝他們。當緊閉的心門打開，滿溢而出的盡是滿滿的溫柔。我開始相信這世上沒有天生的壞人和精神病態者。人類一定生來就是「善良的生物」。感謝他們讓我對人類改觀。

向最需要協助的人伸出援手

進行詩作課的期間，我不知道多少次親眼看見學員們在一瞬間發生了轉變。他們的改變總是令我吃驚，震撼著我的心靈。即使一開始上課時覺得「我這次應該不會被這些成員弄哭吧？」在最後一堂課之前，必定都會出現讓我感動落淚的場面。

G同學的個性格外怯懦。他是個外貌足以進入傑尼斯公司的美少年，個子也非常高䠷，卻總是駝著背，緊跟在乾井教官身旁。在對同學們寫的詩描述感想時，他也總是小小聲地反覆向乾井教官確認「我沒說錯吧？」、「我這麼說可以嗎？」「沒關係，就照你的想法說看看。」在我們多次鼓勵下，他好不容易才用細微得快消失的聲音，表情毫無自信地說出一兩句話。他是一個多年來遭受嚴重虐待的孩子。那樣的他，寫下了這樣一首詩。

夏天的防波堤

我看見了
傍晚　發出藏青色光芒的海中
大魚追逐小魚的景象
沙丁魚群在海面上掙扎跳動
發出聲音逃走了

他的作品栩栩如生地描繪出海面上的情景。魚群捕食的情景如俳句般鮮明浮現眼簾。他的觀察力實在敏銳過人。大家應該也是這麼想吧？他們紛紛發表自己的感想：

「我想起跟家人一起去海水浴場的事。」

「讓我很想再去一次以前跟朋友去過的海邊。」

「我感受到閃亮亮的海面跟海風了。」

我彷彿看見每個人的心裡，都有一片屬於自己的海洋閃爍著粼粼波光，颳來一陣海風，讓教室充滿了海潮的香氣。

我問了Ｇ同學幾個問題。他吞吞吐吐、斷斷續續地回答我：

「我不擅長跟別人說話，所以只有釣魚時可以鬆一口氣。只有釣魚是我的朋友。」

原來如此，所以他才能那麼完美地擷取海面上的情景。

從這天之後，每當在課堂上聊到魚和釣魚的話題，我就會盡量將話題丟給他。沒想到，他竟然什麼都能回答。果然只要是喜歡的事，就能無所不知。他的回答讓教室裡所有人佩服不已。

冬天來了。終於到了第六堂課，也就是最後一堂課。我試著問他們：「有人去釣過西太公魚嗎？」結果正如我的預期，Ｇ同學悄悄舉起手。

「只有Ｇ同學啊！那麼，請你教大家怎麼釣魚吧！」

「好、好的。」

G同學腦海裡想起釣魚的情景，拚了命地向我們說明。

「呃，去湖……去結冰的湖上，在冰上鑽洞，然後，呃，像這樣……」

他在空中畫圖，努力地將腦海中的情景轉變成話語。掙扎了好一段時間之後，他突然放下手看著我，對我說：

「老師，我用嘴巴說不清楚，可以去前面用畫的嗎？」

他的轉變令我感到衝擊。從前和乾井教官寸步不離的G同學，竟然自己提出要求，說要在教室的白板上畫圖。

「當然可以。請畫、請畫。」

我趁他尚未轉變心意，催促他上前，G同學從位子上站起來，快步走向白板，拿起馬克筆。大家屏氣凝神地望著G同學的背影。他思考了一會兒後，畫下一條又一條線。那是一根釣魚線上掛了好幾根針的圖。接著，他指著圖滔滔不絕地解釋完畢後，又若無其事似地回到座位上。

大家驚訝地瞪大眼睛，連聲音都發不出來。好像所有人都看見了幻覺一樣。

「太好了。你解釋得很清楚，我明白了。謝謝你！」

乾井教官大聲鼓勵他，大家也如回過神來似地開始鼓掌。

從這次之後，據說實習工廠的夥伴們看見G同學判若兩人的模樣，全都大吃一驚。

「G變得不一樣了！」

「聽說他去上了那個社會性什麼教育喔！」

「是喔？那我也想去上看看！」

「不行啦。我聽說選拔非常嚴格。」

的確，若沒進入前十名，是無法參加這堂課的……。

課程結束半年後，G同學也晉升成了「副班長」。我很想高呼一聲快哉。原來人們只要一個契機，就能有這麼大的變化和成長。何況他們的出發點，原本就是比零更低的負數，因此他們的成長更加卓越而醒目。

這樣的「問題兒童」和「麻煩製造者」，透過社會性涵養計畫，產生了令人刮目相看的蛻變回到實習工廠，類似的事情發生了一次又一次。於是，監獄官們看待「社會性涵養計畫」的目光也逐漸變得不同。一開始似乎有人不滿，認為「根本是利用教育為藉口放縱他們」。但從中途開始，監獄官們甚至會詢問我們「有一個傷腦筋的孩子，可以請你們幫忙照顧他嗎？」並主動推薦學生參加課程。據說還有這樣的評價：「自從學生去上課之後，就不會在實習工廠引起問題了，所以沒必要再責備或懲罰學生，真是幫了我們一個大忙。實習工廠整體的氣氛也變得好多了。」課程效果最後也清楚地以數據呈現在大家面前。受刑人拒絕到工廠工作的情況，明顯減少了許多。計畫開始時每年約有八十七件，兩年後減少為五十六件。

我重新體悟到一個道理：對社會中最苦惱及懷有困難的人伸出援手，不單只是為了那個人好。只要消除那個人的困難，我們的社會就能轉變，讓大家更正向積極地生活。被逼上絕路鋌而走險的人減少，被害人也會減少。因此，幫助身心障礙者、老人、經濟弱勢、遭受虐待而心靈受傷者等「弱者」非常重要。凡事都歸結到個人天性，要求對方「自行負責」，置之不理、排除在外，這麼做只會將弱者逼入絕境，對周圍產生負面影響，增加社會全體的困難。當然，犯罪也就隨之增加。最後演變成眾人疑心生暗鬼的冷漠世界。正如「好心有好報」的道理，互相幫助支援不是為了別人，善意的循環，最後幫到的其實是自己。

療癒心靈創傷的「表達」之力

社會性涵養計畫是為了監獄裡的「菁英」分子所舉辦的，因此集結至此的都是一些極端的孩子。每個人呈現的面向不同，性格也各異其趣。好比有寫下〈夏天的防波堤〉的G同學那樣個性異常怯懦的孩子，也有大搖大擺地跨坐在椅子上，一副自以為了不起的孩子。有臉上掛著意義不明的笑容、成天嘻嘻哈哈的孩子，也有總是低著頭、一臉陰沉的孩子，有面無表情的土塊同學，也有莫名乖巧聽話的孩子……。大家心裡都帶著傷，都在設法保護自己。而保護自己的行為，以各種不同的形式呈現在我們面前。他們那些極端的表現，都是為了保護自己所發明的獨創「盔甲」。而那些盔甲多半不怎麼完美，與其說是保護自己，其實是將自己逼入了絕境。我知道那也無可奈何。因為那是身邊沒有大人可以幫助自己的情況下，幼小的他們拚命思考嘗試，最後穿戴上身的護具。

擁有抽搐、口吃或選擇性緘默症等症狀的孩子也不少。身體上的症狀，一定也是壓力的表現。

有一次，個子瘦小的H同學來到課堂上，緊張的他全身不斷地抽搐著。看著他的模樣，令我於心不忍。不僅如此，他的雙腳不停抖動，教室裡全是他發出的喀噠喀噠零碎聲響。他的作品如下——

風

每個夏天早上吹的風
真爽啊

我猜他是直接將深呼吸一口氣後自言自語的感嘆「啊，真爽啊」直接化成了文字吧！沒有講究的技法，只是單純地將聲音寫成文字。雖然是樸素簡單的作品，卻引起在場學員們的共鳴。

「監獄沒有冷氣，所以舒服的時間只有早上而已！」

「真的，早上超舒服的！」

監獄的紅磚牆夏季會蓄熱，即使到了晚上仍會發出紅外線。簡直就像生活在烤箱的餘溫之中。到了清晨，好不容易紅磚的熱度消退，晨風送來涼意，讓人終於可以鬆一口氣。因此，大家都對這首詩心有戚戚焉。

還有個孩子這麼說：

「我進來監獄之後，變得只要有風吹，就會覺得幸福。我希望自己永遠不要忘記對理所當然的事感到幸福的心情。」

所有同學敘述完感想，我詢問他：「H同學，聽完大家的感想，你覺得如何？」望向他的瞬間，我不禁懷疑起自己的眼睛。嚴重的抽搐竟然停了！這種事情真的有可能發生嗎？據說很難治癒的抽搐症狀，竟然就在眼前戛然停止了……。那瞬間，他清楚地以眼睛看得見的形式告訴了我，「自我展現」以及「他人的接納」是多麼地撫慰人心。

作者H同學這麼描述他的感想：

「大家對我的詩產生共鳴，我很開心。我原本還很擔心，我只能寫出這麼短的內容，不知道大家會說什麼，不過我很慶幸自己寫了它。」

眼淚差點奪眶而出。原來他是因為擔心自己只能寫出簡短詩句、擔心同學對他的評價、擔心別人會不會瞧不起他，所以才緊張得出現抽搐症狀吧？但是，教室裡所有人都產生了強烈的共鳴。對他而言，一定非常高興，並令他感到安心。是聽講的同學們，停止了他的抽搐與抖腳。

這天，他在教室不再抽搐或抖腳了。

下個月的詩作課，H同學的抽搐再次發作。症狀比以前減輕一些，但看了依舊令人心痛。我原本心想，等他發表完之後抽搐就會減緩許多，只可惜他發表作品的順序還在很後面。

不過，奇蹟發生了！H同學聽了其他同學發表的詩作，陳述完自己感想的瞬間，抽搐和抖腳的症狀再度戛然停止。

那時，我明白了。「自我展現」不僅限於發表自己寫的詩句而已。陳述對某人詩作的感想也是一種「自我展現」。發出聲音朗讀繪本，也屬於「自我展現」的一種。世上有各式各樣展現自我的形式。

並非只有感同身受才算接納

我明白了「自我展現」＋「接納」的組合，是最強而有力的慰藉。但是，讓我發現「並非只有感同身受才算接納」這個道理的契機，其實是I同學的詩。看見他的標題時，我不禁失笑。但是，他的朗讀讓我聽著聽著越來越心痛，差點掉下淚來。

監獄是個好地方

監獄　是個好地方
可以在有屋頂的地方　好好睡覺
一天三餐　都能吃飽喝足
還能讓我們　洗澡
監獄　真是個　好地方啊！

竟然會覺得監獄是個好地方，I同學以前過的究竟是什麼樣的生活呢？

這麼說來，之前交代他們「這次的作業是請大家回去寫詩」的時候，問我「老師，作業是什麼？」的，就是這孩子。因為被父母棄養，所以他連小學都沒上過，餐餐靠著便利商店作廢的便當充飢，是個不折不扣的流浪兒童。為了活下去，他不斷地偷竊，最後終於來到了監獄。明顯就是一個被社會福祉安全網遺漏的可憐孩子。我認為對於他身在監獄這件事，很難完全歸咎於他，要他「自行負責」。

這首詩。

班上同學各有不同的慘烈成長歷程。即使如此，也沒有半個孩子發自心裡贊同

「我還是想跟家人一起生活。」

「在外面跟好麻吉一起玩比較有趣。」

「我想趕快出去外面工作，獨當一面。」

「以前我住過醫療少年院[16]，那裡的待遇比這裡好太多了。」甚至有個孩子說出這樣的話，我開始擔心起來。我怕I同學會不會以為大家在否定他，而受到傷害？

「I同學，聽了大家的感想，你覺得如何？」

16收留十四歲以上十六歲以下，具顯著身心障礙犯罪者的少年感化院。

我憂心忡忡地看向他，沒想到他竟露出滿面笑容。

「聽見大家說了那麼多不同的看法，我很開心。」

開心……是嗎？原來你很開心啊！難道你過往的人生，鮮少有人願意跟你說話嗎？一想到這裡，我就忍不住心痛。他又補了一句，更讓我詫異。

「聽見大家有那麼多不同的感受和意見，我學到了很多。」

從未上過小學的I同學，以自己的頭腦思考，說出了和金子美鈴女士筆下「大家都不同，大家都很好」[17]一樣的話。看見他的笑容，我知道他不是說說而已。這孩子的心真是謙虛而寬大。為什麼這樣的孩子會犯下重罪……？

這時候，我終於明白「並非只有感同身受才算『接納』」。即使意見不同也無妨。只要好好陳述自己的想法，不否定對方，也是一種「接納」。他教會了我，人與人的對等交流，才是最重要的。

社會上許多教師常說「孩子們教了我很多道理」。我以前總認為他們是在睜眼說瞎話。但是，他們是對的！孩子們真的很了不起。他們以行動、表情、話語教導我們許多道理。我似乎可以明白那些再辛苦都想繼續擔任教職的人是什麼心情了。

尤其這間教室的孩子，更是出色！我會這麼想，是有理由的。

我居住在東京時，曾在大學裡擔任創作實作講座的兼任講師。當時的課程，並不像現在這樣。有的學生自以為是在評論作品，卻開始攻擊起對方的人格。

「評論的話語，和攻擊人格的話語，兩者有天壤之別！」

光是教會他們明白其中的差異，我就花了半年的時間。我費盡一番苦功，努力想告訴那些學生「即使意見不同，只要能夠以正確合理的話語評論對方，就能跟世界上的任何人對話」這個道理。

現在的日本，在電視節目上說別人「禿頭、胖子、矮子、單身狗」，為了節目效果，訕笑別人成了常態。明明是歧視行為，大家卻一點也不覺得不妥，連學生們都受到那樣的風潮荼毒。

但是，監獄不同。監獄裡的孩子全都有過沉痛的過去，身體和心靈都是千瘡百孔。怨恨一定就像淤泥一樣塞滿了心中。但是，卻沒有一個人展現出惡毒的態度，對別人口出惡言。

17出自〈我、小鳥和鈴鐺〉。

為什麼呢？直到最後我還是不明白。

說不定是他們心中自然而然地對有過同樣遭遇的夥伴，萌生了關懷之心。又或者，正因為他們是如此溫柔且敏感纖細的人，所以才忍受不了粗野蠻橫的社會，內心受傷崩潰，因而成了犯罪者……。

孩子們態度不好是誰的錯？

我還從這堂課的學生身上，學會了一件非常重要的事。

自以為了不起、態度蠻橫的Ｊ同學，在這間教室裡，不會有人對他提出警告。所以他總是盡情表現出一副蠻橫無禮的模樣。但其實Ｊ同學也是「無法開口」的孩子。由於他長年來受到父親嚴重的虐待，過著「一開口就會被揍」的生活，造成心理創傷，就算想開口也發不出聲音來。Ｊ同學其實也是如鯁在喉，苦不堪言。

我後來才知道，「驕傲的態度」其實也只是Ｊ同學的盔甲。他想藉著「我很厲害、我很強、我很可怕」的態度嚇唬別人，好避免其他人跟他說話。Ｊ同學用心製作了他自認為能守護自己的盔甲，可惜這副盔甲的成果不怎麼樣。的確有人受到恫嚇，對他敬而遠之，但也曾因此刺激到對方，引起麻煩。

「喂，你看個屁啊！你是在驕傲什麼！」

即使別人對他這麼說，他也一句都回不了，誰知反而激怒對方，認為他不說話是因為瞧不起人，變成引起麻煩的原因。

如此沉默的J同學，突然寫了這樣的川柳[18]過來。

妻子

面會時聽見　妻子不停發牢騷　我安心不少

我無言以對　就花了十五分鐘　點頭如搗蒜

18日本詩詞格式的一種，與俳句相同，都有五、七、五，共十七個音節組成。以口語為主，內容和格式較自由，沒有限制。

母親

臉龐上總是　掛著笑容的母親　是內心救贖
有機會的話　我真想在母親節　幫她捶肩膀

「聽見妻子不停發牢騷，我安心不少」不是誰都寫得出來的，充滿了真實感。大家都對他的作品感到驚訝。教官甚至懷疑那真的出自他筆下嗎？但是，哪裡也找不到類似的作品，那的確是J同學原創的作品。J同學雖然沉默，卻不缺乏語彙或表達能力。他只是無法表達出來而已。

「我超懂的！還有人跟自己發牢騷，表示對方還沒放生自己，會讓人忍不住鬆一口氣。」

「我也跟J同學一樣。面會之前，我都會想說這次要聊這些事還有那些事，可是見到面的瞬間，就什麼也說不出來了。」

「自從我犯下案件之後，再也沒看過我媽媽的笑容。但是，上次面會時，她第一次對我笑了。那時候，我真的很開心！」

學生們提出形形色色的感想，颳起一陣共鳴的旋風。

「J同學，聽了大家的感想，你有什麼想法……」

我邊說邊望向他，不禁大吃一驚。總是雙腳敞開、大字型坐在椅子上的他，竟然雙膝併攏、乖乖端坐在椅子上！突如其來的變化，甚至令我忍俊不住。

因為說不出話而吃足苦頭的他，從這天起，逐漸能夠順暢地說出話來了。而且，從此不再擺出一副「本大爺就是了不起的態度」。

看見J同學的變化，我終於注意到一件事。如果你眼前有個態度惡劣的孩子，並不是對方不好，而是代表我們還未能充分地接納他。人們只要確實感受到對方接納了自己，自然就會想要表現出規矩有禮的舉止。J同學只是因為感受不到我們已經接納他了，所以才會擺出目中無人的表情，展現出「本大爺就是了不起」的態度。那也是孩子們笨拙的自我表現方法之一。

最後一堂課，J同學緊靠著書桌，身子往前傾，目不轉睛地盯著我。散發出「一句話也不能聽漏」的幹勁。在詩作課程中，他從來不曾正眼看過別人一次，但是到了最後的第六堂課，他變得能夠直視大家的眼睛了。

課程結束後，他特地過來找我，對我說：「老師，我希望以後也可以一直上妳的課。」我差點掉下眼淚。我的心情也跟他一樣。我也希望在J同學出獄之前，可以一直替他上詩作課程。

只可惜，那是無法實現的夢想。乾井教官這麼告訴我：

「您的想法，我很了解。可是，我們希望可以讓更多的受刑人體驗這堂課程。我相信他們在這裡獲得了力量之後，將來一定可以靠自己開拓道路。請您相信那群孩子！」

我提出請求，希望至少成立一個「詩作社團」以容納修完這堂課的學生，可惜也並未實現。因為要進行社團活動，必須有教官或監獄官在場監督不可。忙碌的監獄，無法再分出更多人力經營社團。實在太可惜了。否則就能以前所未有的形式，創立「文藝部」了。

J同學在那之後也寫了好幾首充滿現實感的川柳過來。他心裡那些想說卻說不出口的話，一定堆積如山吧！吐露出真實心聲的J同學，變得越來越坦率而可愛。連原本說不出口的話，也變得越來越容易說出口了。

說「我沒什麼好寫」的孩子

授課過程中，我幾乎不曾碰上令人困擾的場面，只是曾有一件事令我苦惱過。在開始詩作課程前，乾井教官為了緩和大家的心情，說了這樣的話。

「寫什麼都可以。如果真的沒有東西可以寫，就寫『沒有什麼好寫』也行。」

那瞬間，我心想「糟糕了」。不祥的預感成真！下一堂課的作品幾乎全是「我沒有什麼好寫」的大遊行。我只好擠出笑容，硬著頭皮上完課。

幸虧下一堂課，大家寫了各式各樣的作品。唯有K同學寫了「我想不到什麼詩可以寫，所以帶來沒什麼好寫二部曲」。我以為他在搗亂，心裡有些不悅，但並未表現出來。乾井教官本人則是事不關己地說了「多虧K同學，大家心情輕鬆多了，也變得比較容易創作。謝謝你喔！」這樣的話。

到了第三次詩作課程，他突然寫了這樣的作品過來。

眼淚

淨顧著工作的
頑固老爸
因為他從來不曾
叫過我的名字
如果沒必要
我們從來不說話
冷漠的父子關係
一個警察
問我爸爸
「如果用一個字
比喻你的孩子
你會寫什麼？」
白紙上

大大地
大大地
寫下的文字
是「寶」
那時候
我感受到某種
無法壓抑的情緒
幾秒後
我流下
剔透的眼淚

讀完他的詩，我也跟著落淚。啊啊，K同學終於卸下了心防，才會寫下這段如寶石般珍貴的回憶。乾井教官對他的信任，總是面帶笑容等待著他的堅持不懈和寬容，令我由衷地佩服。

不過話說回來，K同學為什麼會連續兩次寫下「我想不到什麼詩好寫」呢？我曾想過有沒有可能是因為他害怕展露出內心？還是在確認展露出內心也沒問題之前，不敢發表呢？

當然也有可能是他真的認為沒什麼好寫。對，一定沒錯！人們只要遇上太多痛苦，就會緊緊鎖上心門，最後連自己都不知道自己的感受。說不定他很想寫詩，只是連他也進不了自己的內心。因此，無論他再怎麼思考，都想不到什麼詩好寫。

無庸置疑的是，他在教室裡看見以體貼關懷的話語慰藉彼此的同伴，才終於打開了心門。生鏽封閉的門慢慢打開，從門裡滾出連他自己也驚訝的寶貴回憶。而那正是這首詩作中的回憶。

以這首詩為契機，大家開始娓娓道出形形色色的回憶。最後我詢問他：「K同學，聽了大家的感想，你覺得如何？」結果他給了我意外的回答。

「其實，這個時候我母親也在。警察也問了我母親同樣的問題。她寫下的字是『子』。」

子……讓人感受不到她對孩子的真實情感、直接過了頭的文字。

「因為我母親的反應只有那樣，所以我不認為父親會寫出什麼超乎那個的東西。因此當我看見『寶』那個字的時候，真的非常驚訝。」

我感覺就像被人揍了一拳。原來當時他母親也在。他母親心中一定也懷抱著什麼問題吧？或許正因為如此，所以即使丈夫連孩子的名字都不叫，也不願嘗試與他溝通。不，可能是無法溝通。我原以為問題出在沉默頑固的父親，但從K同學的話中可以推測背後的問題絕對不僅如此。

在那種家庭長大的他，想要培養豐富的情緒的確很困難。如果自小就處於那樣的狀態，那樣的世界對他而言無疑是理所當然的。他或許從未發覺自己的寂寞原來是寂寞。直到接觸了溫暖，才發現原來自己以前居住的世界是多麼冰冷。

不過，他居住的世界其實並不冰冷。父親是個將孩子視為寶貝的人。只是他太過笨拙並缺乏表達能力，不懂得將愛傳達給孩子的方法。一想到這點，就令我惆悵不已。

家庭是個封閉的密室，裡頭發生什麼事無人知曉。有時，家庭裡的常識，在社會上很可能並不合常理。我想，唯有和他人交流，為家庭注入新氣息，讓孩子們多多接觸不同的大人，擁有接觸不同價值觀的機會，才能緩和這樣的困難。如果我們能像以前一樣，變成更加開放，人們可以輕鬆自在、來去自如的社會，應該就可以帶來轉機。

第4章

成長路上嘗盡人生苦難的孩子們

有發展障礙的孩子

在隨機攻擊或殘忍的殺人事件等大型案件中，媒體有時會報導嫌犯罹患精神障礙。監獄裡也收容了患有精神障礙的受刑人。我在教室裡也親眼見過這些孩子。除了輕微的智能障礙外，還有一般認為患有「發展障礙」的孩子。

但是，他們並非「天生的犯罪預備軍」。他們幾乎都是因為不幸無法獲得適當的支援，因而被迫走上犯罪之路的可憐孩子。

乖巧、笨拙，在教室裡也表現得拘謹小心、唯唯諾諾的L同學，也是其中之一。他寫了這樣的詩。

一件小事

即使連一件小事
也無法順心如意
因此我
只能拚命地做著
一件小事

我對他堅毅無畏的精神大為感動。

但是，世人卻無法理解他的堅毅。甚至在L同學寫下這首詩之前，教室裡的所有成員都不得而知。

這些孩子的父母多半也不知道該如何是好。親子間的小小齟齬逐漸累積，不知不覺變成了無法跨越的鴻溝，讓彼此陷入更大的困境。

念頭與行動

我一直想著　希望得到別人的認同
我一直想著　希望可以成長
但是……無法……行動
但是……難以……理解
一般人似乎都辦得到
但我無法　所以大家都對我這麼說
「你只會出一張嘴」
「騙子」
這個念頭　不是嘴上說說而已
這個念頭　不是謊話
該怎麼做　才能讓大家感受到呢
該怎麼做　才能讓大家理解我呢
這熱切且強烈的念頭

想採取行動卻力不從心的　悔恨與心急
為了讓大家理解　試著傳達看看
然後　為了能夠行動　繼續努力

身體不便的人士，好比視障、不良於行等，一眼就看得出來。可心靈的障礙卻難以用肉眼分辨。因此，他們難以得到他人的理解。經常忘東忘西、注意力散漫的孩子，以及無法乖乖待在原地、過動的孩子，世人總是在背後指指點點，指責他們「家教不好」。父母覺得丟臉，就對孩子們不耐煩，成天發脾氣。因為再三責罵也未見改善，所以罵得更嚴重。父母的管教或許是出自「我是為了這孩子好」、「希望他能跟其他人一樣」的關愛之情，但有時管教可能會過了頭。

一旦超過限度，管教就成了「虐待」。孩子們並非故意偷懶或反抗，他們其實都用自己的方式在努力著。只是因為發展障礙之故，無法達到眾人的期望。明明已經很努力了，大家卻還是對他說：「大家都辦得到的事，為什麼你就是辦不到？」他們對無能為力的自己感到失望，自我肯定感越發低落。這也導致他們變得「難以生存」。

自我肯定感低落最後可能會演變成嚴重的自我否定。導致他們腦袋裡充滿「反正我就是這種人」、「再怎麼努力也沒用」、「我是毫無價值的人」……等負面的想法。

當他們開始自暴自棄，「負面力量」如岩漿般不停累積，等到再也壓抑不住的時刻，就會以行為偏差的形式爆發。若力量向內積累，會造成繭居或自殘；若力量向外爆發，則會演變成家庭暴力或不當行為。這些現象的根源其實都來自同一個問題。

無法認同自我價值的人，自然也無法認同別人的價值。因此才會做出傷害或殺害他人的事情。如果他們能感受到生命的分量，或是每個人的人生有多麼寶貴，應該就不會犯下強盜殺人或強暴之類的罪過。

換言之，不是「因為有發展障礙，所以才變成犯罪者」，而是他們在成長路上遭遇到困難，卻得不到適當的支援，導致心靈受了傷，迫不得已只好走上犯罪之路。

發展障礙不像疾病那樣可以「痊癒」。與其稱之為障礙，不如將它視為「發展不平衡」，將這一點視為那孩子所擁有的特質。那麼，面對這樣的孩子，我們該怎麼做呢？

好比近視的話就戴眼鏡，腿腳不好就坐輪椅一樣，只要對症下藥思考解決困難的方法並加以實踐，一定能開拓出一條新的道路。光是如此，應該就能讓當事人和身邊的人變得更加輕鬆。過去曾有先例，有個因為對聲音過度敏感而焦躁不安的孩子，光是帶上耳罩而已，情緒就變得平穩許多。

「知道問題所在，並給予適當的支援」才是最重要的處方。只不過，很多情況光靠家人是無法解決的，這時便需要專家的知識。諮詢特殊教育學校的老師或醫院也很重要。很多案例是父母不承認問題，認為「我家小孩不是障礙兒童」，但那樣的一廂情願反倒會將孩子逼入絕境，讓他們的人生變得更加困難。我希望為人父母者可以理解，一味打罵只會造成反效果，希望能找出更好的方法支援孩子。

雖說如此，即使在教室裡見到他們，我們時常也無法發現他們內心真正的想法。總是擺出拒人於千里之外的態度，平時沉默寡言的M同學，有一天寫了這樣的詩過來，讓我非常驚訝。

開心的事

我活到現在　最開心的事
就是交到了朋友

我讀了他的詩，不由得掉下淚來。抱歉，我一直不知道。原來M同學其實也很想要朋友。我完全沒有察覺，一直以為他厭惡人類。那樣的M同學也有他視為「朋友」的人，而那些朋友成了他人生中「最開心的事」。我由衷想對他那些朋友說聲「謝謝」。

詩作讓我們看到他的真心。只要能打開內心的迴路，即便再笨拙的人，都能和別人串聯起來。透過這首詩，教室裡所有人知道了他由衷地「想要朋友」，就此開啟了交流之路。

京都府木津川市的障礙者支援機構「泉福祉會」的須河浩一先生說過：「『獨立』的相反詞不是『依賴』，而是『孤立無援』。」這個機構為犯下罪行的障礙者提供支援，機構的人表示：過去曾有因為應對方式恰當，使累犯停止犯罪的案例。

「只要能夠看清對方的困難所在，給予適當的支援，當事人和身邊的人都能輕鬆不少。這麼一來，他們就再也不需要犯罪了。

「我們設施裡有個超過八十歲的老人家，進出監獄數十次，這輩子合算下來，住在監獄裡的日子還比較長。即使是那樣的人，只要時常和他交流溝通，在生活上給予完整的支援，偏差行為就會慢慢消失。有人因為得到生活補助，解決了貧窮問題，行為也就跟著改善了。其實，只要給予他們適當的對應和支援，就能解決問題。」

面對發展障礙，只要社會能提供適當的援助，應該就能確實減少犯罪。

第一次感受到「慘遭殺害的人心中的恐懼」

N同學喜歡看書，是個早熟的孩子，據說他國中就讀過尼采。然而，他有發展障礙，缺乏對他人情緒感同身受的能力。那樣的N同學，有一天帶來了這樣的詩。

出醜的末路

我是氣球人
現在　被灌入氣體　不斷膨脹
但是　那些氣體不是氫氣之類　了不起的東西
而是　憂鬱　倦怠　厭世感　無名怨恨（ressentiment）[19]　等等
含有許多有害物質的東西
灌飽氣體後　我飛向天空
最後會被漆黑的烏鴉嘴喙或什麼東西刺破

氣球人最難以處理的是
破了之後仍會繼續汙染周圍的空氣
想方設法也難以抹滅他的存在這一點

我徹底被他的一字一句擊垮了，他內心的景象未免太過寂寞。灌入N同學體內的「氣體」，指的其實是來自外人的過度「期待」吧[20]？他認為自己是如同放射性物質般的有害存在，實在太令人心痛了。

這首詩對教室裡的夥伴們而言，似乎難了點。因此，即使我點名要他們發表感想，也只得到「我很喜歡氣球」或「在廟會上買的氣球，隔天早上就洩了氣，我很傷心」之類的回答。

我不禁擔心了起來。N同學會不會覺得沮喪？他會不會以為沒有人肯接納自己？但某一天，乾井教官紅光滿面地告訴我：「寮老師，那個N同學發生了變化喔。他在筆記本上寫了『看著老套的懸疑連續劇出現殺人場面時，我感受到被害人的恐懼，覺得很痛苦。從前我從未有過這種感覺』。」聽見教官這麼說，我終於放下心來。

教室裡的夥伴沒有人能夠理解接納N同學的詩。即使如此，情感確實在他心中茁壯成長著。一定是他在教室裡看著大家以溫柔的言語彼此慰藉，因而學會了同理

19 出自尼采作品中的概念。為法語詞彙，指弱者對強者的怨恨、嫉妒與責難等情緒。
20 日文中的「氣體」與「期待」發音相同，在此，氣體是期待的雙關語。

的能力吧。那無疑是「歸屬和環境的力量」的功勞。他和指導者一對一的輔導也無法實現的事，教室裡的夥伴們卻替我們完成了。我對他們只有無盡的感謝。

過於纖細敏感的心

另一個令我印象深刻的人是O同學。他在教室裡幾乎不說話。因為他有「選擇性緘默症」，在家庭等可以放心的場所他能出聲，可一旦到了學校之類會讓他緊張的地方，他就無法發出聲音。

O同學無法融入他人，總是露出惴惴不安的表情。大家一起表演朗讀劇炒熱氣氛的時候，只有他拒絕朗讀，低頭抱著膝蓋，縮在教室角落。

他也沒交我要他們回去寫的詩作作業，即使上了好幾次課，也不見改善的樣子。我擔心再這樣下去，這孩子會不會到課程結束時都還像個貝殼一樣緊閉心房？

然而，在最後一堂課上，O同學交出了一首詩。

孤獨的背影與倦怠

無精打采的笑　響起彷彿撕裂耳朵般的笑聲
聲音緊緊揪住胸口　我只好悄悄地摀住耳朵
獨自走在傍晚的天空下　眼前是一名笑到疲累的少女
我現在　在孤獨的背影與夢境中　倦怠與笑聲正展開大遊行
我現在　在孤獨的背影與夢境中　立於一片空白的天空下　等待時間停止
我現在　在孤獨的背影與倦怠中　看見了無聲無色的世界
我現在　在孤獨的背影與倦怠中　碰上了一名沒有感情的少女
在一片空白的房間中清醒過來　房裡只有一扇小窗、一張床和一把椅子
除了我以外空無一人的白色小房間
從窗戶看見傷痕累累的天空
狠狠打在地面上的雨聲　緊緊揪住我的胸口
我悄悄地憋著氣喊出聲　那道聲音令我背脊發涼
表情冰冷　視線垂落　笑累的少女　望向傷痕累累的天空

哭泣的表情　小小的眼睛　蜷縮著背的少女　望向板著臉孔的天空
我現在　在孤獨的背影與夢境中　倦怠與笑聲正展開大遊行
我現在　在孤獨的背影與夢境中　立於板著臉孔的天空下　等待雨停
我現在　在孤獨的少女與夢境中　看見了無聲無色的世界
我現在　在孤獨的少女與夢境中　看見了壓抑的聲音
聲音冰冷　視線垂落的少女展開雙手朝天空飛去
我目送她離去之後　閉上了眼睛

無法排解的心痛和深沉的孤獨化為結晶，凝結成音樂般詩情畫意的句子。他的詩令我心中猛然一痛。教室裡的大家，也感受到他深切的痛楚。打動我們的不是邏輯，是詩中的情感直接震撼了我們的心。我不禁忘了自己的立場，忍不住稱讚他「真厲害。你寫得太好了」。

聽完大家的感想，O同學終於打開緊閉的嘴巴說：

「我很慶幸寫了這首詩。我以前從未完成過任何一件事，也沒有任何想做的事，不過我現在有了一件『想做』的事情了。那就是繼續寫詩。」

我第一次聽見他的聲音，高興得幾乎掉下眼淚。

我當時便有了讓高牆之外的人們讀讀這首詩的想法。尤其想讓詩人們看看這首詩。課程結束後，我趁大家正在收拾書桌之際，走到他旁邊詢問他：

「同學，我希望讓大家讀讀你這首詩。我可以將這首詩刊載在我朋友創辦的雜誌上嗎？」

「……可以。」

「作者的名字，用本名可以嗎？」

「……可以。」

結果，乾井教官連忙跑了過來。

「寮老師，請等一下。您這麼做，會造成我們的困擾。必須經過手續，才得以向外公開作品。請您填寫正式的文件申辦。另外，就算他本人答應了，也不能公開本名。」

經過正式手續後，他的詩刊載在我朋友主辦的詩作雜誌《紫陽》第二十三號上。我們獲得讀者廣大的迴響。大家都感受到這首詩中遍體鱗傷而沉痛的心。並為他能以此般描述表現出心痛的感覺而讚嘆。

由於課程已結束，我再也無法與O同學見面，也無法直接將詩作雜誌交給他，結果只能透過郵寄將雜誌寄給他。

沒想到，O同學回了我一封信。他以小巧迷你的文字，寫下了感謝的話語。還寫了「早知道會這樣，當初上課時多跟寮老師聊幾句就好了」。

從那之後，我們成了筆友，開始通信。通信的頻率並非特別頻繁，就像突然想起來一樣，偶爾寄一封信來。後來我才知道，在監獄中，寄出的信件數量受到限制。在數量有限的信件中，O同學將其中一封寄來給我，而非家人。信紙一角總是蓋上了「檢閱完畢」的小印章。

就在二十六歲生日即將到來的前幾天，他被移送往其他監獄。因為奈良少年監獄只收容十七歲至二十五歲的受刑人。我很擔心怕生的他，在全是大人的監獄裡能不能過得好？

但是，O同學的來信，將我的擔心一掃而空。他每寄來一封，都能看出他變得更加開朗快樂。原本小巧迷你的文字也變成自由奔放的大字。他還寄來一封信，上頭寫了夏季盂蘭盆舞大會的事。

「更生保護女性會的阿姨們過來，請我們吃她們親手做的糕點，她們還幫我穿了浴衣，這是我這輩子第一次穿浴衣。我很開心。」

我彷彿看見他融入人群、傷痕逐漸痊癒的模樣。

後來，他出獄了。他持續寄了一陣子的信給我，信中也寫了他新創作的詩。只可惜，後來變得斷斷續續，最後終於斷了音訊。不知道他現在在做什麼？我只希望他「沒消息就是好消息」。

性別認同障礙的孩子

我在詩作課程中看過一百八十六名學生，其中有兩個孩子似乎無法認同自己的性別。P同學一看就知道，他正屬於上述情況。他和大家一樣理著平頭，身上穿著嫩綠色的制服，卻不知為何給人一種「女孩」的感覺，真不可思議。和一群男孩子共同生活，不僅他本人痛苦，周圍的人也不知該怎麼跟他相處。

這是第二次繪本朗讀劇《橡實大會》時發生的事。故事中有一個角色「美女橡實」。表演者會在脖子掛上名牌，上頭畫著別了緞帶的橡實，那是一個勇於大聲主張「才不是，才不是。誰最厲害，要靠可愛決定。這裡最可愛的是我喔！」的角色。

決定角色時，大家都推薦P同學「你演這個啦」。我提心吊膽地看著他們，P同學乖乖地點頭「嗯」了一聲，將「美女橡實」的名牌掛在脖子上。

其他孩子詮釋這個角色時，都會故意演得很誇張，引起眾人哄堂大笑，但P同學不同。他詮釋得非常自然。不僅如此，臺詞還毫無疑問地變成了「女生」的口氣。

從那之後，原本流淌在教室裡的尷尬氣氛頓時消失。P同學是「女生」，只要大家將他當成女生，好好對待他即可。大家似乎有了這樣的共識，也放下了心。

另外還有一個類似的孩子。Q同學體型矮小、個性稍顯怯懦，但從外表或他說話的方式完全看不出來。

公主

粉紅色是世界上最可愛的顏色

我打從出生時　就知道了
「你就像個小公主呢」這句話
小時候　一天到晚有人對我這麼說
我想那一定是
前世
前世的前世
我們都是「公主」的證據　你說對不對？

我佩服他願意寫下這樣的內容，這也表示Q同學打從心底信賴著教室裡的大家吧。下一堂課，Q同學寫了這樣的詩過來。

我更喜歡可愛的黑色
「狗狗」和「貓貓」之類的
所有動物都以最完美可愛的模樣誕生於世　所以沒必要穿衣服

人類唯有穿上「可愛的衣服」才能變成「可愛的自己」
但是
那是非常快樂而幸福的事
今年春天　不知為何
我總覺得自己變得比往常更加可愛了
在櫻花前線[21]開始前　去找找春天想穿的
「可愛的黑色」服裝

這次也一樣，沒有一個孩子嘲笑他、揶揄他，或是瞧不起他。大家都自然而然地接受了他，令我非常感動。

為什麼他們可以如此若無其事地接受他呢？因為他們都是不容於社會所謂的「尋常」，而來到監獄的孩子，所以他們對擁有相同境遇的朋友才會如此寬容嗎？

或許追求「尋常」的世人，才是心靈狹隘的那群人。

能夠表現出「真正的自己」，非常重要。光是如此，心靈就可以得到慰藉。

「性別認同障礙」是一種特色。我看著他們，深深感受到，周圍的理解的確能夠為他們減少人生路上遭遇的困難。

越認真的孩子過得越艱難

社會性涵養計畫的課程中，也曾有過和前述的孩子正好相反，乍看之下不但不像「弱者」，而且還很可靠的孩子。抬頭挺胸、姿勢端正、口齒清晰、彬彬有禮。光看外表，是個不管去哪裡都不會丟臉的好青年。

我不禁心想：這樣的孩子為何會出現在這裡？

下面是這類型的R同學所寫的詩。

21 預測日本各地櫻花開花日期的等值線。

現在正是起點

人生就是每一天都在訓練
是屬於自己的訓練場
是可以失敗的訓練場
是為活著感到喜悅的訓練場

現在不須為幸福而喜悅
至於何時何地才能獲得幸福？
就以現在的喜悅為基礎全力前進吧

自己的將來
就在現在這一瞬間
現在不努力
何時才要努力？

我差點就不小心高呼「你很有想法」，給了他高度評價。但是，這類型的孩子，父母親通常會過度要求他們展現「男子氣概」，為了回應父母，他們身上多半穿了男子氣概的盔甲。盔甲太過堅固，讓他們無法說出真心話。只要稍微說點洩氣話，就認為自己輸了。如果我讚美這首詩，只怕會不小心讓R同學那一身盔甲變得更堅硬。

越是這樣的孩子，活得越是艱難。因為他們被「應該這樣才對」的規範緊緊束縛住了。對他們而言，就連「活著的喜悅」也是一種每天要進行的「訓練」，簡直每一天都是軍事訓練。相信他本人一定也活得很辛苦。

這樣的孩子逐漸放鬆下來，有時甚至會打個呵欠或瞌睡，就是值得開心的現象。教官們也為他的改變感到開心。在那之後，他開始有了明顯的變化。

跟R同學一樣，班上還有一個過於可靠的孩子——S同學。這孩子寫的詩，風格宛如「男子漢的榜樣」，很難從他身上看到什麼變化。他的背總是打得筆直，看起來相當不自在。但是，最後一堂課，他突然交上這樣的作品。

錢

我一直以為錢就是一切
父親為欠債所苦　親手斷了性命
母親臉上不見笑容　以淚洗面　勃然大怒
我一直認為是沒錢害的

只要有錢　就能開心大笑　就能吃飽喝足
可以過著普通人的生活　母親也會對我綻放笑容……我就能獲得幸福了
我深信不疑　我一直相信著這一點　活到今天

就讀國中的期間　我為了年幼弟妹、為了母親　不分晝夜地工作
我帶著第一筆薪水回家　結果母親只對我說了一句「太少了」
她拿著那筆錢跟男人出門　整整一星期　都沒回來
那時候　我一直認為必須賺更多錢　拚了命地工作

我希望母親能笑口常開
之後　我和一名帶著三個孩子的人開始生活
我厭惡以前的生活　我害怕　不想回到過去
只要是能賺錢的事　來者不拒
我極盡奢華　以為這樣就能療癒從前的傷痕……
我一直認為　只要有錢就能幸福
後來　我遭到逮捕　入監長期服刑
第一次成家得到的家人　什麼也沒說　從我面前消失了
而母親　也什麼都沒說就自我了斷　留下高額欠債
我還剩下不少錢
但是　我想要的東西已不復存在
希望她笑口常開的人　第一個新家人　我的歸屬之地　全都不復存在
以後　該怎麼辦才好　我不知道
我只是想獲得幸福而已
我不認同　金錢不代表一切這句話

否則　我活到現在所相信的東西算什麼？
失去一切的我手上殘留下來的金錢　看起來令人厭惡不已

讀了這篇作品後，我終於明白S同學為何總是表現得那麼可靠。因為他從小就不被允許當個「小孩」。

這首詩讓經歷過風風雨雨的同學們也受到了衝擊，大家都找不到安慰他的話。只好紛紛告訴他「感謝你的分享」、「謝謝你願意告訴我們」。教官也含淚對他說：「謝謝。我知道你是因為相信這間教室裡的所有人，認為說出來也沒關係，所以才寫了這首詩，對吧？老師覺得很開心！」

「我以前從來沒跟別人提過，但是如果我現在不說，我想我一輩子都說不出口了，所以我才把它寫下來。」

S同學這番話，令我感觸良多。

「乖寶寶」的陷阱

我也曾在監獄見過跟發展障礙或智能障礙正好相反、能力很高的孩子。那些孩子的父母社會地位大多較高，經濟上也較為寬裕。他們多半到某個時期為止都還會順應父母的期待，成績良好、品行端正、健康快樂地成長，是父母理想中的「乖寶寶」。

但是，進入青春期後，突然開始把自己關在家裡、足不出戶，或是胡作非為、對家人施暴，甚至出現偏差行為，最後落得入監服刑的下場。這是其中一個孩子的作品。

話語

「沒關係」
「你很努力」
「幹得好」

我想要這樣的話語
這樣的話語　讓我感到幸福

「你不行」
「你表現太差了」
「我不需要你」
我不需要這樣的話語
這樣的話語　讓我感到不幸
別人對我說了討厭的話　讓我沒了自信
變得討厭自己
為了想讓別人對我說我喜歡的話　而採取行動
我　迷失了自己

一字一句話語　塑造了我
一字一句話語　毀滅了我

「為了想讓別人對我說我喜歡的話　而採取行動／我　迷失了自己」這一段描述太過強烈。雖然現在提倡「以讚美代替責罵」，但為了回應父母的期待而不停地逞強，說不定就跟遭到父母否定一樣辛苦。在「若無法回應父母的期待，就會被討厭」的強迫觀念下，一旦無法達成目標，便會徹底失去自信。

竹下教官為我解釋關於這樣的心理：

「達成目標可以獲得的東西是『有附加條件的自信』。就是『可以做到這件事的我，是有價值的人』的自信。但是，這樣的自信非常脆弱。一旦失敗，就會輕而易舉地崩塌。成績優秀的孩子，進入高中就讀的瞬間，第一名不再是家常便飯。光是這樣就能讓他們喪失自信，也有因此把自己關在家裡或開始變壞的案例。那些白手起家、努力獲得成功的中小企業老闆，往往因為欠下債務就輕易地自我了結性命，這代表『有附加條件的自信』是多麼地不堪一擊。

「相對於這種自信，另外一種則是『發自內心的自信』。那是一種寬廣的心靈，認為自己光是存在，就獲得了世界的肯定。這是在父母疼愛、無條件的肯定之下，所培育出來的自信。『你的誕生讓我們很開心』、『媽媽和爸爸都很喜歡你』

可以充分感受到來自父母愛情的孩子，才能肯定自我的存在。那樣的孩子，即使遭遇到困難也不會灰心受挫，就算失敗也能堅強地東山再起。」

難道未能擁有「發自內心的自信」，就無法挽回了嗎？

「陪伴在那孩子身旁，成為支撐他心靈的支柱。每個人應該都做得到這些事。孩子們得到你們的支持，就能穩紮穩打地向下扎根，進而獨當一面。」

「社會性涵養計畫」無疑正是成為孩子們的支柱、幫助他們成長的課程。我認為正是因為教室裡的所有人製造出互相肯定、彼此支持的環境，並發揮了功能，所以計畫才能順利進行。

遭到虐待的孩子

發誓

小時候　我在心裡發誓

我要保護媽媽
不讓別人欺負她
尤其是爸爸
幼小的我　面對爸爸
希望他將攻擊的矛頭　轉向我身上
只可惜　我什麼也做不到
只能躲在遭到毆打的媽媽身體下　痛哭流涕

我很不甘心自己竟然如此無能為力

媽媽　受到再嚴重的毆打　也咬牙忍了下來
她從沒掉過一滴淚　用溫柔的口氣　對我說
「放心　很快就不用害怕了」

我心想總有一天我要變強　保護媽媽

只可惜　對不起　我太慢了
媽媽　已經去了天國
我終於　變強了
所以　從今以後　我要靠自己的力量
保護我最珍惜的人們

即使他本人並未遭到父親毆打，但是讓孩子目擊家庭暴力也是一種虐待。下一首詩是成天笑咪咪的T同學寫的。直到讀了這首詩為止，我都不知道他經歷過如此痛苦的回憶。

父母教我的事

「當初根本不該生下你」　母親的話語
試圖將我推入湖中殺了我　父親的行動
從小時候起　他們就教我

我是　「不該活著的人」
投水　上吊　大量服用藥物
我躺在病床上　母親對我說的話
是「你還活著啊？　怎麼不死一死好了」

大人　誰都不肯出手相助
對我而言　活著沒有意義也沒有價值

直到現在　我的想法也沒改變
我是　沒有人需要的人
我只是活著而已
從今以後也　一直都是

乾井教官開口第一句話說了「謝謝你寫下來」，之後便無言以對。

「我爸媽也對我說過一樣的話。他們說『當初根本不該生下你們兄弟姊妹』。

但是，社工阿姨來了之後，告訴我們：『一定有人需要你，所以你要抱著這個想法活下去喔！』」

聽見夥伴發表這樣的感想，T同學下一堂課寫了這樣的詩過來。

最近的想法

因為我是　沒有人需要的人
所以自尋死路　即使差點被家人跟女友殺害
我通常什麼都不說不做　就只是乖乖接受
但是　最近
我明白即使這樣的我　也會有人需要
我也　開始產生了活著也不錯的想法

從「我是　沒有人需要的人」變成「即使這樣的我　也會有人需要」，進而萌生「活著也不錯」的想法。我發現這堂課確實撫慰了T同學的心，我非常高興。

T同學的笑容，原來是他為了保護自己所發明的「盔甲」。因為不想討人厭，所以臉上總是露出無意義的笑容。問題是，那樣的笑容有時反而更令人煩躁。

然而，自從參加這堂課之後，T同學臉上的假笑逐漸消失無蹤。有時，他也能露出不開心的臭臉來了。最後，他終於能發自內心綻放出笑容。那樣的T同學在最後一堂課帶來了這首詩。

心情

我不知道　今後會發生什麼樣的事
但是我開始有了一個想法
不要忘記　有人需要我、在意我這件事
希望我能積極地活下去

我鬆了一口氣，明白他終於有了活下去的氣力，結果坐在T同學對面座位上的孩子突然從桌子探出身子大喊：「喂，我很喜歡你。你可別死喔！」那是一個總是如野貓般裝腔作勢嚇唬別人、表情可怕的孩子。他在這間教室裡算是罕見的類型。其實T同學對這個臭臉同學非常棘手，而且怕他怕得不得了。

突然聽見臭臉同學對他說「我很喜歡你。你可別死喔！」T同學大吃一驚，望著臭臉同學。接著，他慢慢露出笑容，點頭「嗯」了一聲。那是一個真切的笑容。臭臉同學也露出羞赧的笑容。如野貓般裝腔作勢的臭臉同學，看起來突然變可愛了。

聽說下課後，臭臉同學心有戚戚焉地對教官這麼說：

「老師，原來人啊，用說話講得通耶。」

他成長於一個用拳打腳踢溝通的家庭。在他成長的世界只能選擇揍人或挨揍，讓別人乖乖聽話或是乖乖聽別人的話。他來到這間教室，才親身感受到可以透過「言語」溝通。

家庭就像是一個密室，家裡發生的事，外人往往無法得知。如果孩子的世界裡只有家庭，有時會發生超乎想像的嚴重事態。之所以會發生虐殺年幼孩子的悲劇，也是源自家庭所具有的密室性質。

如果有地方可以接觸到父母之外的大人，好比親戚、鄰居、學校等，一定有孩子可以因此獲救。我衷心希望那樣的孩子可以接觸到「孩童餐廳[22]」之類的機構，並有人讓他們諮詢煩惱。

無家可歸的孩子

家家戶戶千差萬別，有些家庭處於極為惡劣的狀態。但是，監獄裡的孩子，有的人連那樣的家庭都無法擁有。

地圖

小時候　即使有著迷於漫畫的小學生

22指由各地居民或各級地方政府主導，提供孩童免費或價格低廉的食物，並能與他人交流的場合。類似臺灣的老人共餐服務。

但著迷於地圖的小學生　卻很少見吧
不過　比起漫畫　我更愛地圖
地圖上　畫了我生活的育幼設施
地圖上　畫了與我分隔兩地的母親所居住的社區
地圖上　也畫了社區附近的公園和超市
在育幼設施中　必須服從前輩說的話　我們年紀小的　每天都挨揍
牙齒被打斷的朋友　臉被火燒傷的朋友　差點死在浴室裡的朋友
珍惜的流行卡片或遊戲
已經無數次遭人搶走變賣
只要不出大事，身旁的大人絕對不會出手相助　什麼用處也沒有
那樣的育幼設施　是前輩們的城堡　卻是我們的牢籠
痛苦　無能為力　無可奈何
每天都有人哭泣　只希望早點離開這樣的地方
那時候　只要看著地圖　心情　就能稍微平靜下來

即使相距數十公里　只要看著地圖　就覺得我和母親緊緊相繫
就像追溯回憶一樣　我沉迷於尋找　我和母親走過的路及去過的地方
比起大家都喜歡的漫畫　我更喜歡地圖

我活著　母親仍在世的時間　十二年
我活著　母親過世後的時間也是　十二年
對我而言是個重要的階段　因此我寫下這首詩獻給母親

聽了U同學的朗讀，我再也壓抑不住淚水。U同學說：「監獄比育幼院好太多了。」教室裡的夥伴們告訴他「你過得真辛苦呢」、「我們同一個實習工廠，我希望能給你更多支持」，給了他許多溫柔的回應。

當然也有好的育幼設施。有些時候也是因為人手不足，所以才會發生這樣的事態吧？因為法條的修改，如今各個育幼設施可以分配到更多人員，是一件值得開心的事。但是，仍舊難以填補無家可歸的寂寞。下面這首詩，也是出自育幼院長大的孩子。

聖誕禮物

五十二個夥伴共度聖誕節
吃大餐　吃蛋糕
玩遊戲　盡情歡笑
就連禮物　都收得到
睡覺時　有某個人
偷偷將禮物放在枕頭邊
那個人是　聖誕老公公　還是學園的老師
我不清楚就是了

不過　我真正想要的東西
抱歉　不是這個　你搞錯了

聖誕老公公　拜託

胖嘟嘟、愛發脾氣
個性奇怪的媽媽也可以
請給我一個媽媽吧！
世界上某個地方　一定會剩下
那樣的媽媽吧？
請將那個媽媽送給我！
我一定會　好好珍惜她
如果我有媽媽
我想我笑完之後　就不會感到寂寞了

我真正的媽媽
一定　也在某處　覺得寂寞吧？
她一定受到所謂的「社會」欺負　過得很辛苦
所以才連過來探望我　都做不到吧？

聖誕老公公
我是多餘的孩子
如果哪裡有寂寞的媽媽
我願意變成禮物　請帶我去吧！
以後　我不會再跟別人爭吵　也不會再撒謊了
我會當個乖孩子的！

「聖誕老公公／我是多餘的孩子」這句話，實在太令人心痛。他竟然覺得自己多餘，是沒人期待也沒人愛的孩子……。

和父母分隔兩地生活的小孩，會有強烈「被拋棄的感覺」。因此很難擁有「發自內心的自信」。

有身邊朋友溫暖的情意支持，比什麼都重要。

溫暖的手

欸　媽媽
妳的手
有時候　會緊緊抱住我
有時候　會溫柔拭去我的眼淚
有時候　妳生氣　打我　我會覺得妳的手很冰冷
但是不管什麼時候
妳的手　都是溫暖的手

我最喜歡　擁有那雙手的妳

教室裡的夥伴，紛紛對V同學的詩發表感想。

「我認為你有一個好媽媽。」

「可以坦率說出對父母的感謝，我很羨慕。」

同學們接二連三說出正面的感想，其中，只有W同學說出了否定的話語。

「我總是從大家感謝父母的話中，感受到你們對父母的反抗之心。」

稍微停頓了一會兒，W同學又加了一句。

「不過，我現在才發現。其實我很羨慕你們。」

W同學成長於兒童照護設施[23]。總是將寂寞埋藏在心底的他，那瞬間自行打開了心門，第一次坦白地向我們描述他的心情。

「那麼，我們最後來聽聽作者的意見吧！V同學，你覺得如何？」

我隨口一問，但V同學的回答，卻讓我受到宛如頭部遭鐵鎚痛毆的衝擊。

「是。其實我只在還是嬰兒的時候，跟父母一起生活過兩年。他們的長相我都不記得了。我只是覺得有這樣的媽媽應該不錯，所以寫下了我的夢想。」

原來V同學也不懂父母的愛。

剛才說「感受到你們對父母的反抗之心」的W同學，恍然大悟地抬起頭，凝視著V同學。

因為追求「愛」而誤入歧途

說「感受到你們對父母的反抗之心」的W同學，下一堂課寫了這樣的詩過來。

思考關於愛

所謂的愛
不是等著獲得　而是主動給予
有主動給予別人的想法才是　愛
一心只想獲得的想法是　慾望

我　成長過程從未得到家人的關愛

23暫時收容因貧窮、虐待等無法與親屬同住之兒童或青少年的機構。

所以　聽見別人提及家人　湧上心頭的只有煩躁
但是　那其實是因為羨慕的緣故
現在　我可以坦率地這麼想了

因為發現了
自己想獲得關愛　也想給別人關愛
從今以後
我希望
成為一個能付出愛也能得到愛的人　能主動多給別人一些關愛

W同學終於能夠承認自己內心的寂寞了。能夠找出造成心中那股莫名煩躁的原因，似乎讓他輕鬆不少。他渴望「愛」的心令人感傷，我忍不住在心中為他祈禱，希望他能夠遇上好人，無論是朋友、另一半或公司的長官都好。

但是，社會是個可怕的地方。萬一碰上利用渴望關愛的心情，藉此掌控對方的人，只怕會落得悲慘的下場。有些案例正是因為希望獲得對方的喜愛或認同，對對方言聽計從而誤入歧途。

「不，犯了罪就必須自行負責。有的人就算沒有父母、身處逆境，一樣變成了優秀的人才。就是因為你的內心太脆弱，所以才會變成犯罪者。」

有人提出這樣的意見。但是，對於發生在自己身上的悲慘境地，他們真的得「自行負責」嗎？

有心靈頑強堅定的人，就會有心思細膩脆弱的人。有人即使經歷殘酷的過往也能堅強地活下去，有人內心則會因此受傷扭曲。無論內心再怎麼脆弱、心思再怎麼細膩的人，只要能夠得到社會的接納，並獲得人們的幫助，他們就能撐下去。那樣的社會，才是能讓所有人都獲得幸福的社會，不是嗎？

絕對不否定他們的想法

社會性涵養計畫的詩作教室中，我們最重視的一件事就是「絕對不否定學生」。舉例來說，就算有孩子寫下了「我想死」，我們也不會對他說「別說那種話」或是「你不能死」。我們只回答「原來如此，你真的很辛苦呢。謝謝你告訴我們」，誠心接受並真心陪伴。

這樣的孩子，我們一樣未加以指指點點，只是陪伴在一旁。

喜歡的東西

我喜歡的東西是　毒品
因為不想再被抓了　所以我不再吸毒了
感覺我一旦吸了　就會一直吸下去　我不想這樣

一般情況，早就已經開口斥責他「你太亂來了！」但教官們只告訴他「這樣啊。謝謝你向我們坦白」，並支持他、告訴他「可以說出自己真正的想法，是很重要的事」。當然，我們並非認同他吸食毒品。只是，可以說出真心話，接受自己的無能為力，才能跨出脫離藥物的第一步。有個地方能夠讓自己說出喪氣話或真心話，會讓人生輕鬆不少。

還有一個孩子寫下了這樣的真心話。

我的希望

我希望日本的監獄能變成這樣

改變假釋制度
解除髮禁
看守不管對誰　都使用敬語
對受刑人也使用敬語　展現敬意
將舍房改成像飯店一樣漂亮的房間
房間再大一點
可以隨時看電視　可以帶遊戲機進來　可以上網
自由就寢起床
然後　不用參與勞動工作　也不用穿受刑服

自由工作　誰都可以通勤去外面上班　在一定期間內可以回家
增加更多可以看電影或讀書的待遇
可以自由購物　可以使用電話、電子郵件
隨時都能運動、入浴
並且　一天一定可以洗一次澡　夏季增加為兩次
不管什麼時間舍房都全面開放　廁所和房間隔開
幾乎什麼東西都可以帶進來
如果在監獄外頭找到工作　就直接假釋
隨時都能自由飲食
舍房內裝設冷暖氣　沒有常夜燈　自由用電　禁止視察

……今天收斂一點，就先寫到這裡

寫下這樣的真心話，真是值得敬佩。知道學生認為寫下這種事也可以，令我非常開心。我請大家一起出聲朗讀這首詩，結果大家都滿面笑容地表示「心情變得好舒暢」。光靠「懲罰」無法更生，透過表達出內心真正的想法，解放鬱積心中的憤怒或悲傷，才能讓他們不再引起問題。

想贖罪的心

或許有人認為閱讀繪本或寫詩，感覺像在監獄裡玩耍。但是，他們的心靈的確在這些「玩耍」過程中，得到了慰藉並獲得成長。他們褪下長年來緊緊包覆在身上的盔甲，敞開心扉，變得可以感受自己的情感，這麼一來，他們才能產生對他人的關懷之心。到這個時候，他們才終於能注意到自己犯下的罪過，並深刻反省自己做的錯事有多嚴重。

贖罪

贖罪

嚴苛的監獄生活
我總在思考
受害人心中的傷痛

贖罪

怎麼也彌補不了的
過錯
不會再重蹈覆轍

贖罪

犯下的案件
只要還活著的一天

我就會繼續贖罪

我們在教室裡一次也不曾說過「你們要好好反省」或「好好想想自己做過的那些事」之類的話。但是，他卻自己寫下了這樣的詩。我很開心。

對於封閉心房的人，再怎麼逼他反省也毫無意義。從不曾被珍惜過的人，就算告訴他生命或人生有多重要，他也感受不到。他們在得到別人的重視和珍惜後，才第一次明白他人生命的重要性，感受到「自己鑄下了大錯」。

其實，即便不是犯罪者，聽到別人要求「請你好好正視自己的缺點」，也很少人能夠坦率地面對自己的問題吧？可以的話盡量不去看、不去想，這樣的心情也無可厚非。

當犯下了可怕的犯罪，會想逃避自己做過的錯事，也是人之常情。因此即使別人用蠻力逼他們面對，對他們說「你仔細看！你幹了這麼慘無人道的事」，也不可能收效。

即使我們的做法看起來像是繞遠路，但我們仍必須讓他們面對人群，由衷告訴他們「你也是一個重要的人」，讓他們打開緊閉的心扉，發現自己的生命有多麼重要才行。只有他們發現自己的重要，才能讓他們注意到他人的性命是多麼寶貴，以及人生無法取代。然後，他們才能懂得自己犯下的罪過深重，深深後悔，真心反省，走上贖罪的人生。

第5章

歸屬和環境的力量

每個人都有改變的可能

隨著課程繼續，學生們逐漸出現變化。雖然課程只有短短半年，但最後一堂課和第一堂課相比，教室的氣氛截然不同。只要有一個人褪去盔甲、打開心門，其他人也會像連鎖反應般漸漸敞開心門。教室裡充滿了溫柔的言語，所有孩子都出現了變化。

總覺得……

笑容看起來不像在笑的N同學

總覺得……他終於展現出童心了
好像成天瞪著別人的T同學

總覺得……他變溫和了
身體總是很緊繃的U同學

總覺得……他變得比較輕鬆自得了
警戒心非同小可的K同學

總覺得……他好像能夠信賴別人了
在團體中最緊張的M同學

總覺得……他可以輕鬆說出話來了
對任何事情都小心翼翼的R同學

總覺得……他好像變得常常打呵欠

這裡的環境就是如此讓他們安心　怡然自得
可以參與這個團體　我很開心

這首詩準確地描寫出教室的變化。因為大家身上都穿著自己絞盡腦汁想出來的盔甲，所以一開始給人一種散亂零落的印象，可一旦解開詛咒、卸下盔甲，每個人的表情都變得溫和許多。所有孩子看起來都變可愛了，真令人不可思議。同時，他們比實際年齡更稚氣的心也隨之成長，看起來逐漸符合他們的年紀，非常有趣。

獲得的東西

我第一次　上這堂課的時候
心想　為何　這些人會被選上
為何　自己也在其中
懷疑自己　哪裡比不上人家
越想越討厭　陷入自我厭惡
所以　從第二次開始就不去了
但是　因為我比誰都清楚　自己的個性有多不便
所以又開始想著要參加

我不知道　去上課能改變什麼
但我想　說不定能成為改變某件事的契機

半年前的我　是內心空盪盪的機器人
為什麼大家　可以因為那些無聊的事情
誇張地開心或難過　我總是想不通
身邊的人　對電視主持人無聊的笑話
用力拍手　看起來就像拚命陪笑的藝人
自己心裡分明這麼想　卻不知不覺地配合著大家
另一個自己　在我的感覺中，是個無聊至極的傢伙

即使如此　這半年來　我開始變得笑口常開
我們畫畫　寫詩　閒聊
做那些事
有什麼意義？　或許有人會懷疑

但是　只會重複固定的反應　像機器人一樣的自己
現在可以發自內心大笑　可以稍微　感受到快樂了
彷彿　看待世界的角度　也逐漸變得不同

「個性不便」這句話再真實不過。沒錯，他們一直感受到了生活中的不便。海倫・凱勒說過：「障礙雖然不便，但並非不幸。」她喪失了聽力和視力，但她卻明言表示身體障礙並非不幸。即使是人在監獄裡的他們，雖然經歷了不便，但應該可以避免不幸。因此我們需要的做的，正是給予適切的支援。

我認為給予他們支援，其實並非那麼困難。他們只接受了僅僅半年、每個月三次的課程，就能有那麼大的改變。撫慰了心靈創傷，敞開心房，著實減輕了他們人生路上遭遇的困難。

認為自己就像「內心空盪盪的機器人」的X同學，也找回了活潑生動的感情。X同學在最後一堂課當天，帶來了這樣的詩。

相遇

我一直認為世上沒有　什麼美好的相遇
人們相遇後　立刻又得分離
既然如此　我寧願永遠孤單　我一直這麼想
但是　現在我的想法正好相反
我覺得這堂課真是改變人生的　美好相遇
從今以後　我再也不孤單了
因為有你們　所以我才能這麼想
這次的相遇　是我的寶物
真心　感謝

同期的Y同學也寫了這樣的詩。

一期一會[24]

平常總在這裡跟大家見面　今天是最後一堂課了
雖然在　名為監獄的場所
但有幸獲得這樣的機會相遇　離別使我痛苦不已
我一輩子都不會忘記　這群色彩鮮明的最佳夥伴
真希望是在社會上　遇見彼此
我唯一後悔的事，大概就是這點吧？
謝謝你們給了我　最棒的半年

我有種彷彿從大家那裡收到美好禮物的心情。

我發自內心感慨，如果他們在來到監獄之前，就能接受這樣的課程，一切就會

24指一輩子只有一次的相遇，要珍惜彼此的緣分。

不同。這麼一來，他們或許就不需要來到監獄了。我們能為他們做的，只是舉手之勞。然而，他們的人生一路走來，卻連那麼一點微小的幫助都無法獲得。在這裡的「犯罪者」，就是那樣的一群孩子。

人在人群中才能成長

「社會性涵養計畫」課程帶來非常顯著的效果。為什麼呢？可以歸納出幾個主要因素。

我在某個聚會上演講時，曾經有位致力於更生教育的聽眾大受感動，稱讚G同學所寫的〈夏天的防波堤〉是「一首好詩。大魚追逐小魚的景象，生動地描寫出弱肉強食的世界」。

我不禁佩服，原來也能如此解讀，但同時心想，那位聽眾的觀點或許略有謬誤。當時，我才注意到為什麼我們的「詩作教室」能夠得到如此豐碩的成果。

如果G同學在課堂上被人稱讚「生動地描寫出弱肉強食的世界」，不知道他做何感想？他或許不會開心。而且，他可能覺得「我沒有那樣的打算」、「被人誤會還得到稱讚」，因此感到不安。

我認為不應該以既定觀念或知識這類社會的尺度來衡量並評價他們的詩，坦白直率地接納他們的詩才是最重要的。教室裡那群夥伴給的感想都非常坦率而直接，而且從一開始就是如此。那是為什麼呢？

他們或許沒有知識或才智說出悅耳動聽的話語，也從未擁有用來衡量對方的標準。正因為如此，他們的感想才能深深撫慰G同學的心吧？因為在教室裡，大家都能以赤誠的一顆心連結彼此。

有一次，一位以熱心公益聞名的教誨師詢問我：

「我和某位受刑人每個月面談兩次，已持續兩年，但他至今仍舊毫無變化。我聽說在老師您的教室裡，所有受刑人在半年內都變得判若兩人，請問您究竟以什麼樣的方式『指導』他們呢？」

那位教誨師是一位高齡僧侶，像他那樣德高望重的前輩特地前來詢問我這樣的新手，我實在不敢當。但是，經他一問，我才恍然大悟。我們並未進行過「指導」。我們只是致力於營造一個讓他們感到安心、安全的場所。或許正是「不用受人指導」這件事，讓他們鬆了一口氣也說不定。

另一個可能的原因，就是我們並非一對一的教學。教誨師和受刑人總是一對一面談。那位僧侶善解人意，對人充滿深厚的關懷，不管對誰，態度都謙和有禮，總是致力於和受刑人站在平等的地位上談話。就連如此善良親切的和尚，在受刑人眼中，仍有可能是跟自己宛如雲泥之別的遙遠存在。有些教育的確需要維持那樣的距離感，而宗教也確實能夠拯救靈魂。但是，我認為上述兩者的作用都和教室截然不同。

在社會性涵養計畫的教室裡，周遭都是和自己有過相同境遇的夥伴。因此，他們才能放心地自我展現並表達。表達這個行為本身，就是一種安慰。而教室裡有可以接受自己的夥伴，無疑為他們帶來更大的慰藉。

正因為是團體，所以才能掀起一陣有別於一對一教學的巨大浪潮，他們感受到彼此的真心，引起連鎖反應，才能一個接一個地打開封閉的心門。也使得長年埋藏在心底的溫柔如潰堤般流淌而出。他們的溫柔，更進一步療癒了彼此的心靈。我親身感受到「人在人群之中才能成長」的道理，以及「歸屬和環境的力量」。唯有團體合作才能激起這樣的活力。

「詩歌的力量」也確實帶來了幫助。詩是蘊含靈魂的神聖話語。因為有可能暴露出靈魂，所以寫詩需要勇氣，唯有專心傾聽內心才寫得出詩來。跨越心理障礙寫成的詩句，獲得別人接納時的喜悅無可比擬。彷彿靈魂也得到對方的接納一般，內心得到深深的安慰。因此他們才能在為期不長的課程中，產生巨大的變化與成長吧！這無疑正是「藝術的力量」。

現代社會中，我們習慣依賴社群網站或通訊軟體與人交流，有時一場簡短的對話，訊息就多達上百則。但是那些話語，就像越喝越渴的含糖飲料，無法真正地滋潤人心。或許是因為那些話語不同於詩句，是屬於「消耗性的話語」吧。

細水統籌故意將繪畫及詩作課程定位為「遊戲」。她表示這些都是為了耕耘那些孩提時代無法充分享受、盡情玩耍的心田，為他們培養出自由且充滿好奇心的健康心靈，是一種「高尚的遊戲」。待他們體會過遊戲的歡愉，他們才能感受到活著的喜悅，才能連工作也當成一種遊戲，樂在其中。只有擴大他們心中健康的部分，最終才能明顯減少偏差行為，涵養社會性。

詩作教室近似寫作練習中的生活雜記，但差異在於「內容並非事實也無妨」。題材無論夢想或虛構皆可。我想，就是這樣的無拘無束，讓他們的內心獲得解放，迎向自由。

我負責的是「社會性涵養計畫」一學期共計十八次課程中，僅止六次的「詩作教室」。我記下了我在課堂上的所見所聞和親身感受。無庸置疑的是，「社會性涵養計畫」的三種課程整體上發揮了綜合性的功能。SST和繪畫課程從各方面間接舒緩、撫慰了他們的心靈，為他們帶來褪去內心盔甲的力量，讓他們培育出一顆生氣勃勃的心。

而大前提就是讓受刑人安心，打造出一個對他們而言安全的場所，以及能夠構建信賴關係的資深教官。竹下教官和乾井教官不知道多少次為我們緩和了課堂上的氣氛。兩位教官也協助我和學生們結下深厚的情誼。如果沒有他們兩位的協助，「詩作教室」恐怕無法進行得如此順利。

而這一切的基礎都要歸功於奈良少年監獄這座有機體的力量：二十四小時全天候和他們接觸的職員；被稱呼為「老爹」的監獄官，扮演嚴父的角色；教官們則扮演了慈母。外部講師、教誨師、輔導志工則像為家裡引進外來氣息的親戚叔伯阿姨。更生保護女性會的工作人員像附近熱心的鄰居阿姨；BBS（Big Brothers & Sisters）則是可靠的大哥哥大姊姊。

不同群體各自發揮不同作用，使監獄整體為受刑人開拓出一條通往更生的路程，醞釀出光明燦爛、滿懷希望的氣氛。

此外，奈良少年監獄的建築物本身也功不可沒。其設計師山下啟次郎是明治政府的司法省官員，為了替日本設計出近代化監獄，他前往西洋各國視察三十多座監獄。學成歸國的他帶回來的不單只有建築技術，還有主張「即使是犯罪者，也不該以非人道的手段粗暴對待，應視其為人並尊敬之」的「人權意識」。將他的概念完美塑造成形的正是這座建築物，我想這就是為何奈良少年監獄能成為這麼一座美麗又毫無壓迫感的建築吧。正因如此，它才會受到人們喜愛，吸引那麼多協助者聚集前來。我也是受到這棟美麗建築物的吸引，才和監獄結下不解之緣的人之一。我只能說這就是「美的力量」帶來的結果。

我認為連細節都兼顧到美感的建築，也對培育少年們的心靈帶來不少幫助。倘若長年都住在乏味無趣的四角建築裡，這群孩子一定不會有這麼大的轉變。

正如學校有不同的校風，監獄裡也有傳統的「獄風」。奈良少年監獄真的是一所好監獄。是戰後七十多年來，一直致力於讓少年們更生、重新回歸社會，多年累積而成的傳統結晶。只可惜，奈良少年監獄因耐震性等問題，於二〇一六年底正式關閉，行之有年的傳統戛然停止，我感到非常惋惜。希望先前在奈良少年監獄裡得到的成果，能夠如蒲公英種子般隨風飄揚，透過轉調新職場的監獄官和教官們，在其他地方也冒出新芽來。

沒有人是天生的壞人

受刑人教會了我很多事。其中最重要的就是，我學會相信「人可以改變」，以及「人類是天性善良的生物」。竹下教官這麼說：

「沒有小嬰兒是天生帶著一副黑心腸誕生於世。所有人都是懷著純潔的心，來到這個世界。只可惜在成長過程中，那顆心遭到了損傷。若傷勢沒有治療好，拖延久了導致內心扭曲，就會演變成犯罪。」

據竹下教官表示，他任職於少年監獄時，曾有一名少年對他說「老師，不改變也沒關係。只要恢復原狀就好了」，令他恍然大悟。

「在那之前，我常要求他們『請你們改變自己』。但是，要求他們改變，等於是否定了那個孩子。而他們也因為缺乏自信，淨顧著追求顯而易見的成果，所以更容易痛苦。不是要求他們改變，而是幫助他們卸下身上穿戴的多餘物品，重新回歸赤子之心、回到原本的狀態，才是最重要的。」

我這才明白，來到教室的他們並不是改變了什麼，而是回歸到原本的自己。所以，才能像那樣從內在散發出光采。他們的本質，都有著「想被愛」的心情。當他們能誠實面對自己的心情，自然就能洋溢出體貼關懷夥伴的溫柔情意。

重新看看奈良少年監獄，才發現高聳的紅磚牆，不是為了將他們禁閉其中的高牆，而是為了保護他們遠離殘酷世界的可靠防波堤。身在高牆內的大人，全都衷心期盼他們能過得幸福，監獄就像重新培育他們成長的巨大搖籃。

讓他們獲得幸福是避免再犯的一大條件，這一點無庸置疑。為了避免將來再度出現悲慘的被害人，我認為加害人的更生支援絕對不可或缺。

為了這些孩子的將來

每個月一次在奈良少年監獄和他們共度的時間，對我而言是無法取代的時光。看著他們逐漸脫胎換骨，我親身體會到原來這樣的我也能幫助他人，提高了我的自我肯定。我由衷感謝。多虧他們，我也改變了。我變得能夠信賴人類。他們讓我體會到言語擁有的力量，連我對世界的看法也跟著改觀。

在監獄這個巨大搖籃裡為心靈療傷的他們，總有一天必須回到名為社會的驚濤駭浪中。那裡有藥頭，也有在他們身上蓋下「吃過牢飯」的烙印、輕蔑他們的強烈歧視。無論之前培養出再多的自我肯定，內心恐怕還是會遭受挫折吧。我認為那種時候，如果他們有可以互相鼓勵的夥伴，應該會舒坦不少。假使「社會性涵養計畫」的同窗能聚集在一起，擁有像在詩作教室裡那樣互相朗讀詩句的時間，不知道該有多好。

但是，現在政府施行的方針是極力避免受刑人出獄後見面。政府的想法是擔心他們見面後，又會結黨營私，重操舊業為非作歹。

藥物或酒精成癮者，有ＤＡＲＣ[25]或ＡＡ[26]等幫助他們脫離癮頭的互助組織。我很希望曾經犯過罪的人，也能有類似的組織，讓他們齊聚一堂。只有他們的話，事態恐怕會往意料之外的方向發展；可如果有個人能像教室裡的指導者一樣，在一旁關懷他們、守護他們，那一定會變成一個具有意義並能撫慰心靈的空間。雖然政府和部分企業也試著推出提供更生人工作和住處的「職親計畫」，試著溫暖地接納他們，可惜參與的企業仍屬少數。

我擔心得不得了。那群孩子本來就笨拙、不擅與人溝通。我擔心他們出獄後，遭受民眾嚴重歧視的目光，不知會使他們多麼痛苦？不知道他們會不會被社會的洶湧浪潮淹沒，又走上老路。乾井教官這麼安慰我：

「他們以前從不曾被人接納過。但是，參與社會性涵養計畫後，他們知道這世上還有人願意接納自己。從0變成了1，意義非常巨大。相信他們的力量吧！」

為了讓他們回歸社會，有兩個不可或缺的要素：其一是他們本身想更生、回歸

25為NPO法人，全名為全國藥物依存症者家族會連合會，簡稱藥家連。DARC分別由Drug（藥物）、Addiction（上癮）、Rehabilitation（復健）、Center（設施）所組成。

26匿名戒酒會，Alcoholics Anonymous，是一個國際性互助戒酒組織。

社會的意願；第二個要素，就是社會一般大眾的理解。我衷心期望這本書能成為他們的助力。

這樣的我

這樣的未來　是我期望的嗎？
這樣的未來　我完全無法想像

這樣的我　哪裡值得愛？
為何　可以用那麼溫柔的眼光看我？
為何　說得出「不要緊，還可以重來」？
如此不成器的我……

媽媽　謝謝妳　願意愛著這樣的我

如果大家都能像這首詩的媽媽一樣懷著慈母之心，我相信他們一定能夠更生並回歸社會，懇請大家多多關照。

道路

我　在路上走著
但是　那條路伸手不見五指
即使我睜大眼睛　也什麼都看不見
即使我再怎麼伸出手　也什麼都抓不住
我連自己正往前走　還是往後走　都不知道
那時候……
我不禁悲從中來　停下腳步
但是　現在不同了
我　看得見道路

那條道路　的確狹小又崎嶇難行
但卻在閃閃發光
所以我再也
不會因為悲傷　而停下腳步
我　正一步一步　確實走在那條路上

我希望你們勇敢前行。我希望你們就這樣筆直地走在路上，朝前方不斷邁進。可別再回頭了。

謝謝你們。跟你們一起度過的時間，宛如心靈進行了一場森林浴。我想對讓我重新相信人類，並給予我美好體驗的一百八十六名學生一一說聲謝謝。

我也要向大力支援教室的各方賢達、強力推薦我出版這本書的西日本出版社內山正之先生，以及這十年來與我並肩同行、一同面對受刑人的伴侶——松永洋介，獻上最深的感謝。

最後為引導我們走向今日的知名紅磚建築乾杯。願你的美好恆久存在。

野人文化
讀者回函卡

書　名 ________________

姓　名 ________________ ☐女 ☐男 年齡 ________

地　址 ________________

____

電　話 ________________ 手機 ________________

Email ________________

☐同意 ☐不同意 收到野人文化新書電子報

學　歷 ☐國中（含以下）☐高中職 ☐大專 ☐研究所以上
職　業 ☐生產/製造 ☐金融/商業 ☐傳播/廣告 ☐軍警/公務員
☐教育/文化 ☐旅遊/運輸 ☐醫療/保健 ☐仲介/服務
☐學生 ☐自由/家管 ☐其他

◆你從何處知道此書？
☐書店：名稱 ________ ☐網路：名稱 ________
☐量販店：名稱 ________ ☐其他 ________

◆你以何種方式購買本書？
☐誠品書店 ☐誠品網路書店 ☐金石堂書店 ☐金石堂網路書店
☐博客來網路書店 ☐其他 ________

◆你的閱讀習慣：
☐親子教養 ☐文學 ☐翻譯小說 ☐日文小說 ☐華文小說 ☐藝術設計
☐人文社科 ☐自然科學 ☐商業理財 ☐宗教哲學 ☐心理勵志
☐休閒生活（旅遊、瘦身、美容、園藝等） ☐手工藝／DIY ☐飲食／食譜
☐健康養生 ☐兩性 ☐圖文書／漫畫 ☐其他 ________

◆你對本書的評價：（請填代號，1. 非常滿意 2. 滿意 3. 尚可 4. 待改進）
書名 ____ 封面設計 ____ 版面編排 ____ 印刷 ____ 內容 ____
整體評價 ____

◆你對本書的建議：
____
____
____
____

野人文化部落格 http://yeren.pixnet.net/blog
野人文化粉絲專頁 http://www.facebook.com/yerenpublish

廣　告　回　函
板橋郵政管理局登記證
板橋廣字第143號

郵資已付　免貼郵票

23141
新北市新店區民權路108-2號9樓
野人文化股份有限公司 收

野人

請沿線撕下對折寄回

野人

書號：0NFL0201